本书是2021年度马克思主义理论研究和建设工程重大项目暨国家社科基金重大项目"美国国内政治和外交政策源头本质研究"(批准号：2021MZD012)的阶段性成果。

"21世纪的美国与世界"丛书（10）
Series on the United States and the World in the 21st Century

从周期到认同
美国政党政治研究的范式创新与议程重置

王 浩 著

From Cycle to Identity

Paradigm Innovation and Agenda Resetting of the Study of American Party Politics

复旦大学出版社

复旦大学美国研究中心
"21世纪的美国与世界"丛书

主编　吴心伯（复旦大学美国研究中心）

编委（以姓氏笔画为序）
　　　　刘中民（上海外国语大学中东研究所）
　　　　吴白乙（中国社科院欧洲研究所）
　　　　宋国友（复旦大学美国研究中心）
　　　　陈东晓（上海国际问题研究院）
　　　　信　强（复旦大学美国研究中心）
　　　　姚云竹（军事科学院）
　　　　袁　鹏（中国现代国际关系研究院）
　　　　黄仁伟（上海社会科学院）

丛书总序

复旦大学美国研究中心推出的"21世纪的美国与世界"丛书旨在深入研究21世纪以来美国在政治、经济、社会、文化等方面的发展变化,美国在世界上的地位和影响力的变化,美国与世界关系的变化,以及这些变化所带来的复杂影响。

21世纪是世界加速变化的世纪,对于美国来说尤其如此。进入21世纪以来,美国政治极化的加剧使美国政治机器的运行成本上升,效率下降,公众和精英对美国政治制度的信心大打折扣。一场突如其来的金融危机和经济危机使美国经济遭受了20世纪30年代大萧条以来最严重的打击,经济复苏缓慢而乏力,就业形势空前严峻。贫富差距的增大、贫困人口数量的上升使以中产阶级为主的社会结构面临巨大挑战,"茶党运动"和"占领华尔街运动"的兴起宣泄着来自左右两端的不满。美国向何处去?这是一个重大的问题,答案只能向未来寻找。

进入21世纪以来,美国在世界上的地位和影响力也在发生重要变化。在21世纪第一个十年里,美国占世界经济的比重从30%左右下降到20%左右,美国的国际经济优势在下降。阿富汗战争和伊拉克战争使美国在军事上付出了巨大代价,也削弱了美国的战略优势。中国、印度、巴西等新兴国家的快速崛起和俄罗斯的战略复兴,加速了国际政治格局的多极化趋势,美国在后冷战时代一度在国际事务中操控全球的好景不再。在可预见的将来,虽然美国仍将是世界综合实力最强的国家,但美国的优势地位和国际影响力都在不可避免地逐步走低,在某些情况下甚至会加速下滑。可以肯定的是,21世纪美国在世界上的地位和影响力将远逊于它在20世纪创造的纪录。

就美国与世界的关系而言,奥巴马的执政意味着重要调整的开始。奥巴马任总统时不仅致力于结束旷日持久且代价高昂的伊拉克、阿富汗战争,而且要为美国介入世界事务制定新的准则。美国要更多地依赖外交等非军事手段处理外部挑战,要尽力避免在海外开展大规模的军事行动,除非面对的问题关系美国的重要利益,并且这个问题是可以用军事手段解决的。对美国的盟友,美国认为它们应该加强自身力量,在处理它们面临的各种挑战中承担更大的责任。对于新兴大国,美国要更多地利用国际机制和国际规范来影响它们的行为。在很大程度上,奥巴马开启了美国的战略内向进程。这不仅是受两场不成功的战争的影响,而且也是基于对美国自身力量变化以及国际力量对比变化思考的结果。

美国的上述变化无论是对自身还是对世界都将产生重大影响。对中国的美国研究者来说,及时、深入和全面地研究这些变化,能使我们更好地把握美国以及世界的发展趋势;客观、准确地分析这些变化所产生的种种影响,有助于我们妥善应对外部环境的变化。在 21 世纪,中国的力量将进一步增长,国际影响力会大大提高,这是毋庸置疑的。在新的时代环境下,中国如何发展自己的力量,如何发挥国际影响力,对这些重大问题的思考需要我们拥有开阔的视野、卓越的见解和敏锐的思维,而深入、系统地研究 21 世纪的美国与世界将对此大有裨益。

复旦大学美国研究中心向来注重对当代美国政治、经济、社会以及对外关系的研究,一些研究成果得到国内外学术界的重视和好评。出版这套丛书,既反映了我们长期以来的学术关注,也是为国内美国研究界提供一个展示和交流的平台。欢迎学界同仁积极为这个平台提供相关的优秀研究成果,共同推动对 21 世纪美国的深入研究。同时,也真诚地希望大家为这套丛书的成长献计献策。

吴心伯

2014 年 7 月于复旦大学

PREFACE 序

在王浩博士的第二本学术专著《从周期到认同：美国政党政治研究的范式创新与议程重置》即将付梓之际，作为他在硕士和博士研究生阶段的指导老师，我很高兴能够再度为他的书稿作序。

美国政治特别是政党政治研究是美国研究的重要领域，也是近年来日益受到学界关注的一大热点。究其原因，主要在于自 2016 年美国大选和特朗普政府执政开始，民粹主义思潮连同其运动的兴起所带来的持续、巨大冲击使得美国政党政治格局以及实践的演变更为复杂，甚至出现诸多美国政治史上未曾有过的新现象和新趋势，如民主、共和两党极化与各自党内分化的同步加剧，"文化战争"的愈演愈烈及其在美国政党政治议程中越来越突出的位置，以国会山骚乱事件为代表的美国民主乃至宪政危机的形成等。这些乱象无一例外地表明，我们需要重新对美国政治进行系统的审视。从这个意义上讲，这部学术作品的出现恰逢其时，它试图从研究范式创新的高度颠覆我们所熟知的美国政党政治的既有分析框架，从多元文化主义对"自由主义-瓦斯普"主导性共识框架的解构这一底层逻辑出发,将建立在文化-身份要素基础上的认同范式视为能够更为有效地回应美国政党政治实践新特点和新变化的切入点与抓手,读来使人耳目一新。

我个人一直认为,美国自立国以来,政治文化中一直存在着普遍平等的、个体本位的自由主义原则与白人新教精英主义的实践政治原则,这是美国政治二元结构的具体体现。后者实际上就是狭义的、现实版本的美国"瓦斯普"文化,而前者则是广义上的美国"瓦斯普"文化的灵魂与核心内容。可以说,这是一种彼此矛盾的却又在美国历史上成功实现的结合。正是这种对立双方力量不断变化的组合,推动了美国政治与社会的发展,维持了美国的高度稳定,也能相对比较令人信服地解释美国的文化与历史进程。在上述进程中,美国自由主义的原则和理想直到20世纪60年代的民权运动时才开始逐渐在社会、政治与法律上得到真正意义的体现。而群体权利观念的出现,则标志着美国政治理念的重大变革,即人们开始明确地把美国视为一个在文化上多元的、个人具有某些不可放弃并且必须经过法律和政治方式加以体现和保障的身份特征的社会。这种理解集中体现在1971年约翰·罗尔斯(John Rawls)发表的《正义论》一书中。为此,美国总统克林顿曾在20世纪末宣称:"如果能够证明我们可以在欧洲文化不占支配地位的状况下生活,那么这就将成为美国的第三次伟大革命。"

从过去到现在,美国政治文化结构中的普遍主义、自由主义与"瓦斯普"精英主义的力量对比一直处于此消彼长的状态。随着传统的白人清(新)教徒在美国总人口中的比例不断下降,其他各种宗教、种族、文化的人口比例相应地不断上升。以美国近几十年来的民权运动的胜利、多元文化主义的兴起为分水岭,"瓦斯普"精英主义长期以来在美国所占据的显赫地位已经开始动摇。正是在这一背景下,本书提出了基于文化-身份维度的美国政党政治分析框架,系统论证了美国的两大政党朝着观念型政党和部落主义政党转型的逻辑。如果说终有一天,"瓦斯普"精英主义长期以来所持的那些价值观念和新教主义对于自由主义所形成的那些束缚被彻底颠覆,那么,在长达数百年的时间里一直有着清教理念和"瓦斯普"传统观念的美国就将在精神和文化上消失,取而代之的真正多元化和真正自由主义的美国将会是何种模样呢?它是否还能继续保持美国在世界上的领先地位和竞争力?换言之,美国是否可以越过目前对于"瓦斯普"文化的稀释呢?如果说,在未来某一天,美国由于"瓦斯普"精英主义担心的"马赛克化",即国家认同丧失、不同文化相互冲突、现有的政治安排出现"过载",从而直接导致国家的分裂和衰落,那么,或许可以从反面映射出美国"瓦斯普"文化及美国政治-文化二元结构传统模式的持续价值。如果是那样,塞缪尔·亨廷顿(Samuel Huntington)的噩梦就可能成为现实。

严格地说,美国从建国开始一直到今天的发展路径和取得的成就、地位,是在以清教徒为主体、以"瓦斯普"文化为载体,依据美国现有的政治-文化二元结构和政治安排取得的,我们无法从经验上得出更多的更有变化的结论。我们只能从逻辑上假设美国文化和精神的价值,因为它们是包含在美国的历史中并在持续地起着核心作用的力量。我们无法肯定,一旦那些长期以来一直定义着美国精神力量的因素丧失,美国将会是什么样子。我们也无法确定——就像本书的核心观点一样——这些在历史上始终发挥决定性作用的因素未来还能否在美国社会、文化、政治和思想领域中一如既往地起着同样的作用。很大程度上,这是关乎未来中长期美国政治、社会图景的关键问题,也是本书提出的一个重大理论和现实议题,值得学界予以持续关注和研究。

王浩早在人大攻读本科阶段便对美国政治产生了较大兴趣,并持之以恒地将这一兴趣转化为了研究的强大动力。加之他具有敏锐的学术洞察力和开阔的研究视野,因而近年来能够在这一领域持续地产出不少有较高价值的学术成果。相信本书既是他过去数年不懈努力的结晶,也能成为他下一阶段研究的重要起点。希望中国的美国政治研究新生代力量能够在前人的基础上形成更多原创性、突破性的学术成果,为我们更好地理解和研究美国做出更大贡献。

是为序。

金灿荣
2023 年 10 月于北京

目录

第一章　导论 ………………………………………… 1
　一、问题的提出 ……………………………………… 1
　二、既有研究概述 …………………………………… 8
　三、研究思路与章节安排 …………………………… 26

第二章　美国政党政治的演变与周期范式的失灵 ………… 37
　一、美国政党政治的演变脉络 ……………………… 37
　二、美国政党政治研究的周期范式：内涵、本质及其
　　　理论与实践意义 ………………………………… 61
　三、美国政党政治大变局与周期范式的失灵 ……… 73

第三章　走出周期：美国政党政治研究的范式创新 …… 92
　一、周期范式的内在局限与研究范式的创新契机 … 92
　二、逻辑与结构：美国政党-选民联盟的根本转型 …… 117
　三、美国政党政治研究的范式创新与认同范式的
　　　构建 ……………………………………………… 129

第四章　认同范式与美国政党政治研究议程的重置 …… 139
一、美国政党政治的理念变迁
　　——超越"自由-保守"之争 …… 139
二、美国政党政治的结构变迁
　　——从两党极化到双重极化 …… 150
三、美国政党政治的议题变迁
　　——"经济优先"与"文化战争"的张力 …… 160
四、美国政党政治的生态变迁
　　——从否决政治到报复性政治 …… 169
五、美国政党政治的整合前景
　　——极化与"部落化"的同步强化 …… 177

第五章　认同范式视域下的美国社会裂痕与民主危机 …… 186
一、"罗伊诉韦德案"裁决与美国社会裂痕的加深 …… 186
二、国会山骚乱事件与美国民主危机的出现 …… 202

第六章　结论 …… 211
一、认同范式的理论与实践意义 …… 212
二、认同范式的不足与局限 …… 216
三、美国政党政治研究的创新路径 …… 219

参考文献 …… 222

后记 …… 237

第一章
导 论

一、问题的提出

"我们正处于历史上几乎最具挑战和最为艰难的时刻。百年一遇的疫情让整个国家陷入停滞,并在短短一年时间内夺走了数量相当于第二次世界大战期间牺牲的美国生命。数以百万计的人失业,成千上万的企业倒闭。种族不公、政治极端主义、白人至上主义和国内恐怖主义正在撕裂我们的国家……我希望全体美国人消弭彼此间的政治分歧,团结起来!"① 2021年1月20日,美国总统约瑟夫·拜登(Joseph Biden)在其就职演说中,以一种"临危受命"的政治姿态向他的同胞发出上述呼吁。为了使美国尽快从新冠疫情引发的经济和社会危机中恢复元气,拜登政府就任伊始便迅速推出了一揽子雄心勃勃的经济刺激连同社会福利计划,其核心内容是"三板斧":一

---

① "Inaugural Address by President Joseph R. Biden, Jr.," The White House, January 20, 2021, https://www.whitehouse.gov/briefing-room/speeches-remarks/2021/01/20/inaugural-address-by-president-joseph-r-biden-jr/.

是总额高达1.9万亿美元的《新冠疫情纾困法案》——《美国救助计划》(American Rescue Plan),二是规模超过2.25万亿美元的"基础设施投资建设法案"——《美国就业计划》(American Jobs Plan),三是总计投入1.8万亿美元的"美国家庭计划"(American Family Plan)。① 按照美国历史学家乔纳森·阿尔特(Jonathan Alter)的研究,"即使将通货膨胀因素考虑进去,拜登政府的经济刺激规模也远远超过了20世纪30年代的罗斯福新政"②。的确,美国全国经济研究所(National Bureau of Economic Research)的相关数据显示,2020年前两个季度美国经济的衰退程度比1929—1933年的"大萧条"有过之而无不及。尽管这一衰退持续的时间并不长,但由于其引发的失业率比"大萧条"时期的最高点还高出一倍,以及美国国内经济、社会的一系列深层次结构性矛盾——产业失衡、贫富分化和族群冲突——更为复杂和尖锐,拜登面临的国内政治挑战并不比富兰克林·罗斯福(Franklin Roosevelt)小。③ 因此,拜登在其总统就职演说中指称的"历史上几乎最具挑战和最为艰难的时刻"有其道理,也无怪乎《纽约时报》将拜登冠之以"罗斯福第二"的称号。④

然而,与"大萧条"迅速催生出一个强大的"新政联合体"

---

① 上述三项计划为拜登政府执政初期的草案,最终经由美国国会正式立法的文件对其有调整。
② Ron Elving, "Can Biden Join FDR and LBJ in the Democratic Party's Pantheon?" *NPR Analysis*, April 17, 2021, https://www.npr.org/2021/04/17/985980593/can-biden-join-fdr-and-lbj-in-the-democratic-partys-pantheon.
③ David C. Wheelock, "Comparing the COVID-19 Recession with the Great Depression," *Economic Synopses*, Vol. 28, No. 39, 2020, pp. 36-45.
④ "Going Big: How Joe Biden Is Like F. D. R," *The New York Times*, May 9, 2021, https://www.nytimes.com/2021/05/09/opinion/letters/joe-biden-franklin-roosevelt.html.

(the New Deal Coalition)并推动美国国内形成广泛的当代自由主义的经济和社会共识——改变自由放任的经济理念、有效发挥政府的宏观调控作用,进而使美国政党政治进入一个新的历史周期即"新政时代"不同,临危上任的拜登在应对上述艰巨挑战时,不得不面对来自高度极化的政治结构和极端分裂的社会环境的掣肘。即便是直接针对疫情冲击的《美国救助计划》——内容包括援助地方政府、发放失业救济和提供疫苗补贴——也在国会遭到共和党高度一致的强烈反对,尤其是该党利用国会"冗长发言"(filibuster)的制度性阻击利器,迫使民主党不得不采取"预算协调程序"(budget reconciliation)才勉强通过该计划。① 至于基建计划和家庭计划这两项被共和党人指责为"大税收、大支出、大政府"的"三大"法案,在国会面临的阻力更大。即使这些计划最终得以被立法,也需要民主党做出重大妥协,甚至计划被改得面目全非。

更有甚者,新冠疫情的爆发及其带来的经济、社会冲击不仅未能促使美国民主、共和两党消弭彼此之间的政治分歧以团结带领民众走出危机,反而催生出在抗击疫情问题上更为激烈的政治斗争。在此背景下,美国联邦政府应对新冠肺炎疫情的效率被大幅削弱,并使抗疫问题不断被政治化,成为两党恶斗的牺牲品。最终,美国的疫情应对与理性和科学渐行渐远,带来了惨重的人道主义灾难。朱迪·盖斯特(Jodie Guest)等美国学者认

---

① 美国国会中的"冗长发言"制度赋予了少数党极大的非对称权力,参议院除非有 60 张及以上的反对票才能终止这种发言,否则议案便会胎死腹中。国会"预算协调程序"虽然能帮助执政党绕开"冗长发言"的阻击,但这一程序每个财年仅能使用一次,属非常规手段。关于美国国会上述制度设计的具体探讨参见 Roger Davidson, Walter Oleszek, Frances Lee and Eric Schickler, *Congress and Its Members*, Washington, D. C.: CQ Press, 2014。

为，党派博弈对美国人观念的影响日益显著，并波及大多数民众对疫情的看法，结果是在几乎所有与抗疫相关的问题上，党派分歧都在迅速扩大。① 凯瑞·放克（Cary Funk）和埃里克·泰森（Alec Tyson）则指出，民主、共和两党在抗疫过程中的分歧主要体现在对新冠病毒风险的认知以及对抗疫措施的看法上，这种分歧对政府采取迅速和统一的疫情应对措施造成了巨大障碍，从而降低了美国抗击疫情的效率。② 此外，不少美国学者还对政党政治极化给美国疫情防控带来的消极影响进行了更为具体和深入的研究。例如，克里斯托弗·阿道夫（Christopher Adolph）等从美国各州的抗疫政策出发观察发现，州一级执政党的党派差异使得州与州之间的抗疫政策存在明显分化，尤其是在解除居家办公令的时间、条件以及复工复产的进程等方面。这种分化引发了各州抗疫力度和效果的不同。③ 弗朗西斯·福山（Francis Fukuyama）也指出，美国的政党政治极化降低了民众对政府的信任，使得抗疫政策的推行变得更加困难。④

为什么 2020 年由新冠疫情引发的严重经济、社会危机没

---

① Judie Guest, Carlos del Rio and Travis Sanchez, "The Three Steps Needed to End the COVID-19 Pandemic: Bold Public Health Leadership, Rapid Innovations, and Courageous Political Will," *JMIR Public Health and Surveillance*, Vol. 6, No. 2, 2020, pp. 1-4.
② Cary Funk and Alec Tyson, "Partisan Differences Over the Pandemic Response Are Growing," Pew Research Center, June 3, 2020, https://www.pewresearch.org/science/2020/06/03/partisan-differences-over-the-pandemic-response-are-growing/.
③ Christopher Adolph et al., "Pandemic Politics: Timing State-level Social Distancing Responses to COVID-19," *Journal of Health Politics, Policy and Law*, Vol. 46, No. 2, 2021, pp. 221-224.
④ Francis Fukuyama, "The Thing that Determines a Country's Resistance to the Coronavirus," *The Atlantic*, March 30, 2020, https://www.theatlantic.com/ideas/archive/2020/03/thing-determines-how-well-countries-respond-coronavirus/609025/.

有能像"大萧条"一样推动美国两党政治精英以及全社会团结起来、形成新的政治共识、步入新的政治周期,反而加剧了政党政治极化与社会分裂,甚至连抗疫政策本身也因不断被"政治化"而遭到扭曲和削弱?回顾历史,美国政党政治的历次关键性转折都是由重大事件尤其是经济、社会危机推动的。19世纪后期的南北战争使美国政党政治进入共和党一党独大与古典自由主义主导的"镀金时代",其核心特征是自由放任的经济政策、飞速发展的工业化城市化进程以及日益悬殊的社会贫富差距。这一时代以1929—1933年"大萧条"引发的巨大经济、社会危机宣告终结。20世纪30年代以后,民主党及其在反思古典自由主义基础上形成的当代自由主义理念异军突起,推动美国政治迎来"新政时代",其核心特征是"大政府"模式下的凯恩斯主义经济政策和福利国家制度的高速发展。半个世纪后,"里根革命"的出现和新自由主义时代的到来,则植根于当代自由主义长期积累的经济、社会矛盾在20世纪60年代末70年代初逐步显现并最终爆发,尤其是经济滞胀危机、福利国家困境连同由此触发的剧烈社会运动。

2008年美国次贷危机爆发并导致全球金融危机出现后,民主党人巴拉克·奥巴马(Barack Obama)的执政被不少观察家认为是美国政党政治所经历的又一次危机驱动的转型,即回归当代自由主义的基本理念,强化政府对市场尤其是金融体系的监管,推动建立以医保为核心的社会福利体系。[①] 然而,奥巴马改革的举步维艰和2016年美国大选中"特朗普现象"的兴

---

① Carter Eskew, "The U. S. is entering a new phase in the 'cycle of history'," *The Washington Post*, Oct 24, 2013, https://www.washingtonpost.com/blogs/post-partisan/wp/2013/10/24/the-u-s-is-entering-a-new-phase-in-the-cycle-of-history.

起表明,美国的政党政治并未按照历史的周期规律演进:特朗普政府执政后,大规模减税政策的推行和联邦政府对金融监管的再次放松意味着新自由主义仍在美国大行其道;新冠疫情爆发后,美国社会广大中下层群体面临的经济困境与因资本市场繁荣而出现的精英阶层财富的成倍增长形成鲜明对比,再次印证了美国经济存在的深层次内在弊病。根据世界银行2019年度发布的衡量社会贫富差距的基尼系数报告,当年美国国内基尼系数高达0.48,位居主要发达国家首位。[①] 由此可见,2008年金融危机的爆发不仅没有像"大萧条"那样从根本上改变美国经济、社会的中长期走向,而且产生的政治冲击和社会影响甚至不及"特朗普现象"。

  2008年金融危机和2020年疫情危机都未能促使美国政党政治进入新的历史周期的事实,以及2016年"特朗普冲击"这一有悖于历史周期规律却带来深远政治、社会影响的现象的出现,表明美国政党政治的演化路径已经偏离了传统意义上的周期轨道,变得更为复杂。这些现象和趋势对美国政党政治研究提出了新的要求。通过对近年来美国政党政治的跟踪、观察和分析,笔者感到过去主流的美国政党政治研究范式存在日益明显的局限性,其中一个最为直观的研究困惑即美国政党政治的周期性似乎正在消失,或者更准确地讲,我们过去习以为常的由美国经济周期的演变所影响和塑造而成的美国政治周期已不复存在,"经济决定论"和"经济-政治周期联动论"在理解美国政党政治演化逻辑方面的效用随之明显下降。在美国的政党政治实践中,这一变化主要表现为由"经济-阶级"维度所界定的政党-选

---

① "Gini index (World Bank estimate) — United States," The World Bank, May 15, 2020, https://data.worldbank.org/indicator/SI.POV.GINI?locations=US.

民联盟出现了走向瓦解的趋势,美国政党-选民联盟的生成逻辑和内在结构都在发生着史无前例的巨大变化。

现代意义上的美国两党制政治体制形成于美国南北战争结束特别是19世纪后期由工业化和城市化导致的社会阶级的剧烈分化时期。在此过程中,政党成为不同社会阶级利益诉求的代表,政党政治则成为不同社会阶级利益的聚合、表达和博弈的反映。其中,美国民主党逐步发展为分化社会中经济弱势群体的利益代言人,如蓝领阶层、城市贫民和少数族裔;共和党则演变为分化社会中经济既得利益群体的代言人,如产业资本、垄断利益集团和中高收入阶层。相应地,美国政党政治研究逐步形成了以"经济-阶级"矛盾为核心变量的分析框架,其中两党建立在经济基础上的差异化意识形态及其政策理念之间的博弈,连同它们代表的不同社会阶级之间的利益冲突与妥协,共同构成了美国政党政治实践发展的主线,并在宏观上随着美国经济周期性变化而引发两党政治联盟力量及其意识形态-政策理念影响力的此消彼长,形成了上文提到的较为稳定并且有规律的政治周期。然而,"经济决定论"和"经济-政治周期联动论"在阐释冷战后特别是2008年金融危机以来美国政党政治演变逻辑时的失效表明,驱动美国政党政治演化的力量已不再是单纯的"经济-阶级"矛盾。因此,过去长期有效的"阶级型政党"分析路径越来越难以厘清当前美国政党政治实践发展中的一系列重大现实问题,例如,2016年以来共和党与白人蓝领选民这一"跨阶级政治联盟"的形成,以及与之相对应的民主党从"工人阶级政党"朝着构建更具多元主义色彩政治联盟的"去阶级化"政党的转型趋势。从这些最新实践反映出的深刻变化出发,本书试图发掘左右近年来美国政党政治演化的新的关键变量及其运行逻辑,并在此基础上构建一个新的分析框架,以期更有效地回应美国政党政治正在经历的时代变局,最终争取在学理意义上发展出美国政党政治研究的新范式。

二、既有研究概述

政党政治研究是美国政治研究的核心内容。作为人类历史上第一个现代民主国家和第一个产生现代政党的国家,美国的政党政治在过去两个半世纪的发展与演变遵循着怎样的内在逻辑、有无可以挖掘的运行规律? 为了回答这一兼具理论价值和现实意义的重要问题,包括政治学家和历史学家在内的美国研究学者从对大量经验和案例的观察和分析入手,进行了长期探索,形成了各具特色的研究。在这一过程中,关键性选举/政党重组理论(Theories of Critical Elections and Party Realignment)、历史钟摆模式和渐进改良主义三种研究路径产生了最具代表性与影响力的学术成果。

(一) 关键性选举/政党重组理论

关键性选举/政党重组理论被不少美国学者视为"美国最有影响力的政治学理论之一"[①]。所谓关键性选举(critical election),一般发生在国家转折和社会变迁的关键性历史节点,并伴有结构环境的巨大变化、社会矛盾的紧张凸显、阶级利益的严重分化等诸多表现。[②] 因此,关键性选举往往聚焦美国政党

---

① William G. Mayer, "Changes in Elections and the Party System: 1992 in Historical Perspective," in Bryan D. Jones, ed., *The New American Politics*, Boulder: West View Press, 1995, p. 20.
② 相关讨论参见王一鸣:《关键性选举究竟何时到来?——从"特朗普革命"到"后特朗普时代"》,《世界政治研究》2022年第1辑。

政治的中长期变化和结构性因素。1955年,美国政治学者弗拉基米尔·奥兰多·基(V. O. Key)发表《关键性选举理论》一文,首次提出了关键性选举的基本概念,奠定了这一理论发展的学术基础。基在该文中以1896年和1932年两次总统大选为例指出,关键性选举是指那些"瓦解既有选举格局,同时生成新的具有可持续性的选举格局"的选举。① 1959年,基发表了题为"长期重组与政党体系"的文章,提出了"政党重组"(party realignment)的概念,由此初步创立了美国政党政治研究的关键性选举/政党重组理论。② 从定义看,政党重组指的是民主、共和两党的选民基础在某次或某几次选举后出现的持续且明显的变化,由此造成政党力量对比的重大改变,使旧的政党格局瓦解、新的政党格局出现,最终带来美国政治版图和政治走向的根本变化。随着美国政党政治实践的不断发展,关键性选举/政党重组理论逐步产生了较为成熟的分析框架和学术派别,其核心论点为:美国政治的演化是由政党政治格局的重大变迁推动的,而这种重大变迁往往发生在国内经济、社会发展具有转折意义的关键节点。③ 因此一言以蔽之,引发政党重组的选举便被称为关键性选举。④

---

① V. O. Key, "A Theory of Critical Election," *Journal of Politics*, Vol. 17, No. 1, 1955, p. 4.
② V. O. Key, "Secular Realignment and the Party System," *Journal of Politics*, Vol. 21, No. 2, 1959, pp. 198-210.
③ James L. Sundquist, *Dynamics of the Party System: Alignment and Realignment of Political Parties in the United States*, Washington, D. C.: The Brookings Institution, 1983, p. 14; Jerome M. Clubb, William H. Flanigan, and Nancy H. Singale, *Partisan Realignment: Voters, Parties and Government in American History*, Boulder: Westview Press, 1990, pp. 21-24; Arthur Paulson, *Electoral Realignment and the Outlook for American Democracy*, Boston: Northeastern University Press, 2007, p. 12.
④ V. O. Key, "A Theory of Critical Election," *Journal of Politics*, Vol. 17, No. 1, 1955, pp. 3-18.

按照这一经典的研究路径,美国政党政治史上出现过若干次关键性选举及其催生出的政党重组,每一轮这样的重组都标志着政党政治重大转向的形成。① 1860年的关键性选举在美国面临国内南北分裂危险的背景下出现,以共和党人亚伯拉罕·林肯(Abraham Lincoln)的胜选及之后的内战为标志,美国完成了一轮政党重组,使共和党成为占据主导地位的"大老党"(the Grand Old Party)。1896年大选又是一次关键性选举,它不仅进一步扩大了共和党的政治优势,而且使美国政治在这一轮政党重组后形成了现代意义上的两党格局:一方面,共和党彻底成为垄断资产阶级利益的代言人,主张维护既有的古典自由主义施政路线,尤其是自由放任的经济政策;另一方面,民主党则在国内贫富分化加剧、阶级矛盾加深的背景下,果断抛弃了此前奉行的"杰克逊式民主",呼吁关注中下层"挣扎中的民众",主张扩大政府权力以对工商业寡头形成制约,由此成为社会中下层民众利益的代表。②

就对美国政治的影响而言,1932年大选和"罗斯福新政"的开启成为美国历史上最为重要的一次关键性选举与政党重组。③ 在

---

① V. O. Key, "Secular Realignment and the Party System," Walter Dean Burnham, *Critical Elections and the Mainsprings of American Politics*, New York: Norton, 1970.
② "杰克逊式民主"认为政府是必要的"恶",要限制政府权力的扩张。对于这一轮政党重组及其影响的分析,参见 James L. Sundquist, *Dynamics of the Party System: Alignment and Realignment of Political Parties in the United States*, pp. 28-32, 134-169; Carll Ladd, *American Political Parties: Social Change and Political Response*, New York: Norton, 1970, p. 46。
③ David Burner, *The Politics of Provincialism: The Democratic Party in Transition, 1918-1932*, New York: W. W. Norton, 1967; Gerald Gamm, *The Making of New Deal Democrats: Voting Behavior and Realignment in Boston, 1920-1940*, Chicago: University of Chicago Press, 1986; Carl Degler, "American Political Parties and the Rise of the City: An Interpretation," *Journal of American History*, Vol. 51, No. 2, 1964, pp. 41-59.

这轮重组中,民主党的势力范围从美国南方迅速扩展到作为全国政治、经济中心的东北部,其崛起使当代美国政治的两党对等模式彻底成型。① 相应地,美国的政治、经济和社会发展模式也实现了从有限政府—消极自由到大政府—积极自由、从经济的自由放任模式到凯恩斯主义模式,以及从政治文化的精英主义到普遍主义等的转型;此后一直到 20 世纪 60 年代末,这一发展取向始终在美国国内居于主导地位。② 然而,以 1968 年美国大选为转折点,民主、共和两党的选民基础再次出现重大变化,由此触发了新一轮政党重组。③ 与以往逻辑类似,20 世纪 60 年代末的政党重组植根于美国由凯恩斯主义模式引发的一系列经济、社会问题,包括财政赤字迅速增长、经济发展陷入"滞胀"、民主党的"伟大社会"(Great Society)式福利国家流于空想,以及与之相关的以民权运动和反越战运动为代表的一系列社会抗议活动风起云涌。④ 在此过程中,共和党跨越区分美国南北部地理和文化分界线的"梅森—迪克逊线"(the Mason-Dixon Line),通过所谓"南方战略"(Southern Strategy)使保

---

① Richard Bensel, *Sectionalism and American Political Development: 1880-1980*, Madison: University of Wisconsin Press, 1984, p. 62.
② 凯恩斯主义是指通过国家对经济进行宏观调控来扩大总需求和增加就业,参见 Leon Baradat, *Political Ideologies: Their Origins and Impact*, New York: Pearson Education, 2009, p. 134. 所谓积极自由指的是罗斯福提出的"四大自由":言论自由、信仰自由、免于贫困的自由和免于恐惧的自由。与之相比,古典自由主义的自由观便成了一种消极自由。在实践中,要想实现罗斯福提出的上述目标,政府就必须在社会生活中发挥更大作用。
③ 谢韬:《从大选看美国的历史周期、政党重组和区域主义》,《美国研究》2012 年第 4 期。
④ "伟大社会"运动指的是 20 世纪 60 年代由美国总统约翰逊发起的旨在促进经济繁荣和消除族群不平等的社会运动,最终实现美国从强大到伟大的飞跃。参见张友伦、李剑鸣:《美国历史上的社会运动和政府改革》,天津:天津教育出版社,1992 年。

守的南方与民主党分道扬镳。① 这一方面导致民主、共和两党内部的同质性和两党之间的异质性同步增强,进而为此后的政治极化(political polarization)埋下伏笔;另一方面彻底瓦解了民主党和罗斯福总统缔造的"新政联合体"。以1980年共和党总统候选人罗纳德·里根(Ronald Reagan)的当选为标志,自由放任的经济政策理念强势回归,推动美国经济、社会的发展再现一个世纪前的图景,因此有学者尖锐地以"新镀金时代"来形容这一轮政党重组后的美国政治。②

以上梳理表明,1860年、1896年、1932年和1968年的关键性选举都引发了政党重组,成为美国政党政治的重要转折点,并且它们之间的历史间隔都是36年。如果按照这一规律,美国政党政治应在2004年前后出现新一轮的政党重组,迎来新的政治周期。然而2004年美国大选以在任总统乔治·布什(George W. Bush)赢得连任告终,显然并非一次关键性选举。更重要的是,无论是此次大选之前的20世纪90年代,还是其后的2008年、2012年、2016年和2020年四次总统大选,美国都没有出现政党重组模式下的关键性选举。③ 上述重要事实

---

① Martin Wattenberg, "The Building of a Republican Regional Base in the South: The Elephant Crosses the Mason-Dixon Line," *Public Opinion Quarterly*, Vol. 55, No. 3, 1991, pp. 424-431. 对于这一时期美国南方政党重组的专门分析,参见 Earle Black and Merle Black, *Politics and Society in the South*, Cambridge: Harvard University Press, 1987; Nicol Rae, *Southern Democrats*, New York: Oxford University Press, 1994.
② "新镀金时代"指的是20世纪70年代以来,美国由日益加剧的经济不平等和政党政治极化而引发的以民主政治不断衰落为特征的发展阶段。参见 Larry M. Bartels, *Unequal Democracy: The Political Economy of the New Gilded Age*, New York: Russell Sage Foundation, 2008.
③ 关于美国在20世纪90年代是否发生过政党重组,学界目前仍存在争议。有学者认为1992年大选是一次关键性选举,但笔者并不认同,因为无论是克林顿政府推出的所谓"第三条道路"还是他本人一再表示的"大政府的时代一去不复返了",都是一种无法扭转时局的无奈之举,表明当时的美国政治(转下页)

表明,关键性选举/政党重组理论对于美国政党政治演化的逻辑解释力已大为减弱,无法适应美国政党政治实践的最新发展。如果一味套用这一模式进行分析,只会让我们对美国政党政治的演变感到愈发困惑。

（二）历史钟摆模式

在美国历史学家观察和研究基础上形成的历史钟摆模式,是对美国政党政治演化逻辑的另一种重要而有益的探索,并且其诞生的时间甚至远远早于关键性选举/政党重组理论。早在19世纪40年代,历史学家拉尔夫·艾默生（Ralph W. Emerson）便发现美国政党政治的发展和演变具有一定的周期特性。后来,亨利·亚当斯（Henry Adams）在其代表作《美国史》中进一步阐述了这一政治规律,指出美国政党及其政治影响力存在从兴起到鼎盛再到衰落的周而复始、循环往复的生命周期。① 老阿瑟·施莱辛格（Arthur M. Schlesinger, Sr.）则创造性地明确提出了量化版的历史钟摆概念,认为美国政党政治的演变平均以11.5年为一个周期,在此期间内来回摆动于

（接上页）仍处于1968年政党重组和"里根革命"所确立的发展轨道之中。至于2008年金融危机和2020年疫情危机均未能触发新一轮政党重组的理由,笔者在前文已有分析。此外,目前美国政治学界探讨的另一大热点话题是2016年大选是否为引发新一轮政党重组的关键性选举。在笔者看来,2016年大选和"特朗普现象"的兴起已经并将继续对美国政治产生深远影响,但我们无法套用政党重组模式对此进行分析,原因在于其在很多方面延续、深化而非颠覆了"新镀金时代"的逻辑,如减税和对金融监管的再次放松。"特朗普现象"的意义更多在于颠覆了传统的政党-选民构建逻辑,需要引入新的变量对其进行分析。相关讨论可参见刁大明:《2020年大选与美国政治的未来走向》,《美国研究》2020年第6期;王浩:《美国政治的"特朗普革命":内涵、动因与影响》,《当代美国评论》2021年第2期。

① Henry Adams, *History of the United States*, Washington, D.C.: Library of America, 1986.

自由主义和保守主义之间。①

"二战"结束后,以老阿瑟·施莱辛格之子小阿瑟·施莱辛格(Arthur M. Schlesinger, Jr.)为代表的美国当代历史学者第一次将前人的学术发现拓展为美国政党政治演化的历史钟摆模式,产生了广泛而深远的学术影响。② 小阿瑟·施莱辛格认为,美国政党政治的演变就是一部在强调公共利益与信奉私人利益之间反复循环的历史,并且完成一次这样的"钟摆"过程大约历时 30 年。按照这一理论,1900 年、1932 年和 1960 年的大选都让美国政党政治迎来了公共利益至上的时代,其标志分别为西奥多·罗斯福(Theodore Roosevelt)当选总统与"进步主义"运动轰轰烈烈的开启、小罗斯福的临危受命与新政时代的来临,以及约翰·肯尼迪(John F. Kennedy)的执政及其总统继任者林登·约翰逊(Lyndon Johnson)发起的"伟大社会"运动。③ 与之相对,20 世纪 20 年代、50 年代和 80 年代则是维护私人利益的理念主导公共政策议程的时期,其中共和党总统约翰·柯立芝(John Coolidge)及赫伯特·胡佛(Herbert Hoover)的自由放任政策酿成了 1929—1933 年的"大萧条";后来,另一位共和党总统德怀特·艾森豪威尔(Dwight Eisenhower)则在"新政"背景下力求限制联邦政府作用,追求

---

① Arthur M. Schlesinger, Sr., *New Viewpoints in American History*, New York: Macmillan Publishers, 1922; Arthur M. Schlesinger, Sr., *Paths to the Present*, New York: Macmillan Publishers, 1949.
② Arthur M. Schlesinger, Jr., *The Cycles of American History*, Boston: Houghton Mifflin, 1986.
③ "进步主义"运动指的是 20 世纪初到 20 年代在美国发生的由中产阶级占主体的经济、社会改革运动,其目标是消除美国在向垄断资本主义过渡时期产生的一系列社会弊病,重构社会价值体系和经济秩序。参见张友伦、李剑鸣:《美国历史上的社会运动和政府改革》。

平衡预算;最后,里根总统上台执政后掀起的"里根革命"迅速而彻底地颠覆了"新政"的历史遗产,全面回归私人利益至上的执政理念,甚至推动美国国内形成"私即好、公即坏"的经济治理原则。

在施莱辛格看来,上述循环往复的历史钟摆现象和规律植根于永不满足现状的人性:在某种发展模式确立的初期,精英和民众往往对其抱有很高期待并推动该模式达到巅峰。然而,随着实践过程中各类新问题和新矛盾不可避免地陆续出现,民众又会对该模式日益感到厌倦,从而致力于回归另一种替代方案。① 结果是,美国政党政治的演化轨迹总是表现为从钟摆的一端运动到另一端,然后再次进行回摆,周而复始。对此,美国的著名政治学家塞缪尔·亨廷顿也指出,美国社会往往在信仰狂热与信仰消极之间来回摆动,每隔60年会经历一次激情信条的密集涌现,从而构成美国政党政治发展演变的重要驱动力。②

随着历史钟摆模式和关键性选举/政党重组理论的兴起和发展,美国政治学者沃尔特·波哈姆(Walter Burnham)做出了将两者结合起来进行研究的探索和尝试。1967年,波哈姆在《美国政党体系》一书中提出,关键性选举不是随机出现的,而是具有一个统一的周期。③ 在此框架下,波哈姆认为美国的

---

① 关于历史钟摆模式的其他研究,参见 Albert O. Hirschman, *Shifting Involvements: Private Interest and Public Action*, Princeton: Princeton University Press, 1982; Herbert McClosky and John Zaller, *The American Ethos: Public Attitudes toward Capitalism and Democracy*, Cambridge: Harvard University Press, 1984.
② [美]塞缪尔·P. 亨廷顿:《美国政治:激荡于理想与现实之间》,先萌奇、景伟明译,北京:新华出版社,2017年,第216页。
③ Walter Dean Burnham, *Critical Elections and the Mainsprings of American Politics*, p. 8.

政党重组每32—36年出现一次,历史上已经经历了1828年、1860年、1896年和1932年四次关键性选举和政党重组。① 1970年,波哈姆在《关键性选举与美国政治的动力》一书中建立了回归模型,运用定量分析的方法验证了政党-选民联盟周期性重组的理论假定。② 然而在周期长短这一重要问题上,美国政治学界却存在较多分歧,表明在将两种研究路径进行结合的过程中仍然需要处理和解决诸多难题。例如,保罗·贝克(Paul Beck)赞同波哈姆的研究结论,认为政党重组大致每30年发生一次,之后便是漫长的常规政治时间。③ 詹姆斯·赖克利(James Reichley)则认为政党重组的周期长达50—60年,美国政治史上仅有1800年、1860年和1932年选举才能算作具有转折性意义的关键性选举并引发了政党重组。④ 由此可见,将历史钟摆模式引入关键性选举/政党重组理论的做法并不能解决这一研究路径内在的根本问题。

总之,历史钟摆模式将历史学的研究方法运用于对政治现象的分析中,试图为学界找到一条更为清晰的理解美国政党政治演化逻辑的线索。然而就像过分沉迷于中国古代封建社

---

① Walter Dean Burnham, "Party Systems and the Political Process," in William N. Chambers and Walter Dean Burnham eds., *The American Party Systems: Stages of Political Development*, New York: Oxford University Press, 1975, pp. 289-304.
② Walter Dean Burnham, *Critical Elections and the Mainsprings of American Politics*; "Critical Realignment: Dead or Alive?" in Byron E. Shafer, ed., *The End of Realignment?: Interpreting American Electoral Era*, Madison: University of Wisconsin Press, 1991, p. 101.
③ Paul Beck, "A Socialization Theory of Partisan Realignment," in Richard G. Niemi et al., eds., *The Politics of Future Citizens*, San Francisco: Jossey-Bass Publishers, 1974, p. 207.
④ James Reichley, *The Life of the Parties: A History of American Political Parties*, Washington, D. C.: Rowman & Littlefield Publishers, 2000, pp. 8-12.

的兴衰规律就无法理解现代中国经历的根本转型一样,将美国政党政治的演变机械地置于历史钟摆的框架下去追踪和套用,可能会与实践的发展渐行渐远。例如,按照施莱辛格的理论,美国政治应在20世纪80年代之后的30年即2010年前后达到另一个强调私人利益的高点。如果2008年金融危机的爆发意味着这样一个高点的到来,那么接下来十余年美国政党政治的主题又会逐步回归对公共利益的强调。然而,纵观金融危机爆发以来美国政党政治的走向可以发现,新自由主义的遗毒并未清除,经济金融化和国内贫富分化的态势仍在加剧,而新冠疫情的出现不仅对上述态势起到了进一步催化的作用,而且这次危机再次充分暴露出美国社会仍然以私人利益而非公共利益为优先的本质。基于此不难发现,美国政党政治的演化尤其是近年来的走向呈现出明显的非线性、非钟摆式特点,历史经验和规律正在失去其参照价值。因此,美国政党政治需要探索新的研究范式。

(三) 渐进改良主义

美国政党政治研究的第三类也是最具历史及哲学传统的路径被称为渐进改良主义。这一学派从对作为美国政治思想源流的古典自由主义(classical liberalism)的解构入手,认为古典自由主义——包括其世界观和方法论——的内在张力与弹性是美国政党政治演化的根本动力。古典自由主义作为一种政治意识形态,是近代欧洲启蒙运动和工业革命的智力副产品,反映了正在崛起的工业中产阶级的期求。[1] 结合当时人类

---

[1] Louis Hartz, *The Liberal Tradition in America*, New York: Harcourt Brace Jovanovich, 1955, pp. 14-17.

社会由前工业文明步入工业文明的时代大背景可以发现,古典自由主义从诞生时起便被赋予了两个基本意涵。第一,它帮助人们逐步走出中世纪的蒙昧、发现了个体理性(individual rationality),是人类找回自我的标志。在中世纪,人类将希望寄托于神祇来拯救他们脱离恶劣的尘世,然而启蒙运动带来的科学发现,却逐渐萌发了人类对运用自身潜能来改善物质环境的信心。此后,这种信心又由物质层面进一步延伸到了更高一级的思想层面:人们开始认为,如果科学问题能够通过个体理性加以解决,那么社会和政治问题同样也可以运用理性来解决。[1] 第二,古典自由主义的信奉者主要是新兴的工业中产阶级,他们不像无产阶级激进主义者(radicals)那样对社会感到失望,而是致力于通过对政治体制的改革与完善来构建理想的社会。因此,古典自由主义重视法律的概念,希望以合法的程序寻求体制内变革,认为只有渐进主义才是科学主义的体现,也是实现相对深远和进步性变革的保障。[2]

上述两个基本意涵提供了作为政治意识形态的古典自由主义得以不断发展和深化的理论"基底"。第一,对于个人及其理性的强调使之超越了所有其他社会事物,个人主义-理性主义因此成为古典自由主义世界观的核心。[3] 具体而言,个人主义反映的是一种坚持人类个体具有至高无上价值的信念,反对任何社会团体和政治组织对个人进行控制,认为个人自由优先

---

[1] George Crowder, *Liberalism and Value Pluralism*, New York: Continuum, 2002, p.8.
[2] Leon Baradat, *Political Ideologies: Their Origins and Impact*, New York: Pearson Education, 2009, p.22.
[3] Marcus Paskin, *Liberalism: The Genius of American Ideals*, Lanham: Rowman and Little Field, 2004, p.37.

于平等、正义和权威。以此为出发点,政治学家约翰·洛克(John Locke)在其《政府论》中提出,建立政府的目的就在于保护个人所拥有的自然权利(natural right)——主要包括生命权、自由权和财产权——不受侵犯。① 为此,政府的权力应受到严格制约,它只需作为一个被动仲裁者,让人们追求对他们自己最好的利益。② 另外,理性主义则假设世界上存在一个理性的结构,它可以通过对人类理智的充分运用获得揭示。由此,古典自由主义者确信个人有能力按照自身利益对事物做出明智的判断,并且他们就是自身利益的最佳判定者和维护者。③ 这一理念被经济学家亚当·斯密(Adam Smith)在《国富论》中表述得相当明确:市场是"一只无形的手",它会自动调节经济运行,国家不应当干预经济生活。第二,建立在实用主义基础上的改良主义则是古典自由主义作为一种政治哲学的方法论。基于看待事物的科学主义精神、对人类理性的乐观态度以及以工业中产阶级为主体的社会身份,古典自由主义者对于现实的不满程度显著低于激进主义者,但他们仍然能够充分认识到既有社会中存在的缺陷,因此渴望对体制进行改革,只是拒斥对于体制的颠覆性破坏,主张通过法律方式和合法程序实现渐进性的进步变革。④

古典自由主义的这种世界观和方法论在美国政治的实践

---

① John Locke, *The Second Treaties of Government* (*An Essay Concerning the True Original Extent and End of Civil Government*) *and a Letter Concerning Toleration*, ed., J. W. Gough, New York: Macmillan, 1956, pp. 87-88.
② John Locke, *The Second Treaties of Government* (*An Essay Concerning the True Original Extent and End of Civil Government*) *and a Letter Concerning Toleration*, p. 84.
③ Andrew Heywood, *Politics*, London: Palgrave Macmillan, 2007, p. 45.
④ Leon Baradat, *Political Ideologies: Their Origins and Impact*, p. 23.

层面产生了极为深远的影响。在取得独立战争胜利、成功摆脱英国政府的殖民统治后,美国人坚信政府是一种"恶"的存在,必须对其权力进行严格限制,才能有效保障个人自由和其他权利。因此,1776年托马斯·杰斐逊(Thomas Jefferson)起草的美国《独立宣言》和1787年颁布的《美国宪法》成了"美国版"古典自由主义世界观的集中体现,这两个文件也成为美国政治的"圣经"和美国赖以立国的基础。[1] "美国版"古典自由主义在政治实践中吸收了洛克和斯密的思想,要求限制国家和政府在经济及社会生活中的作用,在经济上实行自由放任政策,依靠市场调节供需关系;政治上强调政府权力的分立与制衡,防止其损害或妨碍个人自由;而在社会生活中,"美国版"古典自由主义则主张人们承担起对自己生活的责任而不依赖于政府,依靠个人努力奋斗来实现"美国梦"(American Dream)。可以说,美国政治的每一条原则都散发着浓厚的古典自由主义气息,后者也因此成为此后美国民主、共和两党施政的根本理论基础。按照法国政治学家阿历克西·德·托克维尔(Alexis de Tocqueville)的总结,"美国自由主义的典型特征是,它坚定地相信自由对于实现任何一个值得追求的目标都是不可或缺的。对个人自由的关切激发自由主义反对一切绝对权力"[2]。从立国时起,古典自由主义的这些理念便成为美国人的共识,也构成了美利坚民族认同的基础。[3] 在这一基础之上,美国人迸发出了巨大的创造活力,使这个年轻的合众国一跃成为人类历史

---

[1] Peter Woll, *American Government*, New York: Pearson Education, 2010, pp. 31–39.
[2] Alexis de Tocqueville, *Democracy in America*, New York: Penguin Books, 2003, p. 45.
[3] 周琪主编:《意识形态与美国外交》,上海:上海人民出版社,2006年,第219页。

上第一个真正意义上的现代国家。

另外,古典自由主义的方法论——对于经济、社会发展中存在的问题持渐进改革的态度——也在美国的政治实践中比欧洲大陆及英国被发挥得更为充分,这一特点成为美国两百余年来得以实现稳定发展的根本保障。究其原因,主要在于实用主义(pragmatism)本身就是美国土生土长的哲学流派,对美国社会乃至美国人性格、精神和思维方式的形成都产生了深远的影响。① 实用主义的核心思想就在于只注重可能产生的结果而不是事先定好的原则,只关心社会发展需要的知识而对纯人文的道德伦理嗤之以鼻。② 因此,"美国版"古典自由主义对于经济、社会改革的态度相较于欧洲更为灵活,也更加务实。③ 此外,作为一支独特的中间力量(intermediate force),美国强大的"市民社会"(civil society)也在推动国内改革方面发挥着世界上其他国家不可比拟的作用。④ 正是出于以上原因,基于实用主义哲学的改良主义成为"美国版"古典自由主义方法论的核心,并在实践中推动形成了美国政治的变革传统。

古典自由主义的上述世界观及其方法论提供了理解美国政党政治演化逻辑的学理依据。在美国立国早期,自由主义以有限政府与市场经济为手段,致力于遏制政治权力对个体权利的侵蚀,同时最大限度发挥个体理性促进经济发展。然而这一观念走到极限,使美国在 19 世纪后期出现资本垄断和贫富分

---

① John Dewey, "Pragmatic America," *New Republic*, Vol. 30, No. 4, 1922, p. 185.
② 资中筠、陈乐民:《冷眼向洋:百年风云启示录》(上),北京:生活·读书·新知三联书店,2009 年,第 317 页。
③ 金灿荣编:《美国二十讲》,天津:天津人民出版社,2009 年,第 7—8 页。
④ 资中筠、陈乐民:《冷眼向洋:百年风云启示录》(上),第 44—46 页。

化,最终引发了"大萧条"的灾难性后果。随后,实用主义式的改良主义对有限政府与自由市场进行了修正,由此揭示出古典自由主义世界观和方法论之间的一项悖论:前者将个人及其理性置于一切社会事物之上,后者却看到了其局限。这一悖论在美国政党政治实践中最终表现为自由主义的两种变体:民主党式变体即当代自由主义认为,与政治权力一样,经济权力扩张也会损害自由民主,因而改良应以市场监管与经济平等为目标;共和党式变体即新自由主义则宣称,个人财产权是支配性的,政府无权干预经济。正是这两种意识形态与自由观念的博弈,推动了美国政党政治此消彼长式的演化。基于此,渐进改良学派认为,美国政党政治演化的动力是古典自由主义与当代自由主义因分别强调"反政治权力"(anti-political power)和"反经济权力"(anti-economic power)而形成的观念性张力与政治二元结构,其深层逻辑则在于古典自由主义的世界观和方法论之间有着难以解决的内在悖论。①

综上不难看出,渐进改良主义对美国政党政治的研究实际上与历史钟摆模式殊途同归。尽管该学派试图将美国政党政治演化的叙事方式建立在自由主义的变革能力之上,但历史的变迁轨迹依然被锁定为两种自由主义之间的循环往复,并且二者之间的根本分歧仍然围绕着经济展开。因此,这一研究路径不仅像历史钟摆模式一样无法解释近年来美国政党政

---

① John Dewey, *Liberalism and Social Action*, Columbus: Promethea Publishing, 1999; Charles Dunn, *The Conservative Tradition in America*, Lanham: Rowman and Littlefield, 2003; Catriona McKinnon, *Liberalism and the Defense of Political Constructivism*, New York: Palgrave Macmillan, 2002; James Young, *The American Liberal Tradition: A Reinterpretation*, Boulder: Westview Press, 1995; John Rawls, *Political Liberalism*, New York: Columbia University Press, 2005.

治发展的非线性特征,而且其分析框架也已被当下的政党政治实践所超越,显得过时。例如,无论是近年来美国国内全球主义与本土主义两股新兴政治思潮间的角力,还是后金融危机时代美国政治价值观的极端化,即拜登总统就职演说中反复强调的"政治极端主义"(political extremism)的兴起,抑或是白人蓝领阶级选民的"跨阶级投票"行为,都已经冲破了传统的自由主义框架,使得过去简单的自由主义-保守主义意识形态"二分法"及其所反映出的"经济决定论"和"经济-政治周期联动论"等思维难以回应当前远为能动和复杂的政党政治现实。

此外,如果我们对美国历史进行回顾可以发现,渐进改良确实一直是美国政治发展的主题。正如托克维尔在《论美国的民主》中所言,"美国人总是喜欢变革而害怕发生革命"①。这句话指明了两点事实:第一,美国人因其自由民主体制而自豪,不希望出现对自身体制的革命性颠覆;第二,美国人不回避其经济和社会发展中出现的问题,主张通过渐进变革加以解决。可以说,正是源于这两个政党政治传统,美国才得以在长达两百多年的历史进程中成功避免了大规模社会动荡、暴力革命、军事政变以及思想上同过往"决裂"等困扰,只是在既有的体制框架内进行调适与更新,较之其他任何一个大国都更为稳定。② 然而历史的另一方面告诉我们,尽管有着强大的变革基因,美国却在如何处理政府与市场、国家与社会的关系问题上

---

① Alexis de Tocqueville, *Democracy in America*, p. 58.
② 王缉思:《美国霸权的逻辑》,《美国研究》2003 年第 3 期。在美国学者赫伯特·贝斯看来,这种变革传统是美国盎格鲁-撒克逊新教文化的一种"特质"。参见 Herbert J. Bass, George A. Billias, and Emma J. Lapsansky, *Our American Heritage*, New Jersey: Silver Burdett Company, 1978, p. 40。

始终没有找到有效的方法,尤其是周期性经济金融危机、社会贫富分化以及财政赤字与"滞胀"等交替出现,使其政治发展总是在意识形态的左与右、自由与保守,以及政党政治的合作与纷争、民主党与共和党之间形成一种钟摆式循环往复。① 例如,2008 年金融危机后美国社会中所谓"99%的大多数"对于以华尔街为代表的 1%的建制派精英的不满所折射出的问题,与一百多年前的镀金时代人们对于大企业与垄断利益集团的愤怒如出一辙。正因如此,政治学者才将 20 世纪 70 年代以后美国所处的时代称为"新镀金时代"。在实践中,美国政党政治演化的这种钟摆式运动轨迹,逐渐削弱了其民主体制赖以生存的土壤——市民社会②;结果是,以 20 世纪 70 年代发端并愈演愈烈的政党政治极化为标志,美国的民主体制出现了福山所称的"政治衰朽"(political decay)③。很大程度上,正是由于这种"衰朽"的出现,才导致近年来美国政党政治的发展演变脱离了传统的轨道,反映出越来越多的美国民众对于这种钟摆式政治运动的厌倦。

---

① Charles E. Lindblom, *Politics and Markets*, New York: Basic Books, 1977, p. 356.
② 对这一趋势的经典研究,参见 Robert Putnam, *Bowling Alone: The Collapse and Revival of American Community*, New York: Simon and Schuster, 2000。
③ 参见 Francis Fukuyama, *Political Order and Political Decay: From the Industrial Revolution to the Globalization of Democracy*, New York: Farrar, Straus, and Giroux, 2014。实际上,美国政治史上的政党极化现象并非一种晚近现象,只不过 20 世纪 70 年代以来的这一轮极化趋势体现为两党的"对等极化"(deeply and closely divided),即两党在势均力敌的基础上出现了两极化趋势,由此加剧了国内政治僵局。参见 Ronald Brownstein, *The Second Civil War: How Extreme Partisanship has Paralyzed Washington and Polarized America*, New York: Penguin Books, 2007。

(四) 小结

关键性选举/政党重组理论、历史钟摆模式以及渐进改良主义三种美国政党政治的研究路径以历史经验为依托,从选举和政党-选民联盟的变迁、公共利益与私人利益的此消彼长以及古典自由主义蕴含的渐进改良主义方法论所催生出的自由主义与保守主义两大政治意识形态间的博弈等不同维度,梳理出了美国政党政治的历史演化轨迹及其内在逻辑,为我们深入理解美国政党政治的发展变迁提供了十分有益的学术视角。通过本部分的总结可以发现,上述三大研究路径存在一个显著的共性,那就是将美国政党政治的演化理解为一种带有周期特征的政治现象,反映出一种鲜明的周期性逻辑。

具体而言,关键性选举/政党重组理论本质上是将美国的政治选举及其引发的政党政治格局的变化视为美国政党政治出现周期性重大转向的标志,特别是考虑到关键性选举在美国历史上的特殊性,其时间节点往往代表着旧周期的结束和新周期的开始,体现着浓厚的周期色彩。历史钟摆模式所反映出的周期思维则更加简单和直接,将美国政党政治的演变视为对公共利益的强调与对私人利益的信奉之间反复循环的历史,因而完成一次"钟摆"的过程就是一轮政党政治周期的完结与再启动。渐进改良主义虽然揭示出古典自由主义方法论的内在价值,但这一分析框架对美国政党政治演化的解释仍然没有脱离周期思维的制约,其蕴含的根本逻辑是在古典自由主义所设定的边界和框架下,当代自由主义与新自由主义两种变体之间所存在的循环往复、此消彼长的规律。这一规律一方面体现出美国政党政治体系及其制度的某种韧性,但另一方面也表明所谓的渐进改良主义有其与生俱来的内在局限性,当其触及政治意识形态的左、右两端边界后便会反向回摆,从而使得美国政党政治的实践呈现出非常显著的周期特征。

基于此,本书将上述三大既有的研究路径与方法统称为美国政党政治研究的周期范式。这一范式从政治科学的选举思维、历史学的钟摆思维和政治哲学的改良思维等不同维度,对美国政党政治演变历史的分析殊途同归地落脚于其周期属性与特征。鉴于这一研究范式对于理解美国政党政治演变历史的重要意义及其在回应冷战后特别是后金融危机时代以来美国政党政治演变最新动向和一系列重大现实问题方面存在的不足,笔者致力于在对其进行批判性回顾与反思的基础上,构建一个新的更具说服力的研究范式,以更好地回应当前美国政党政治正在经历的时代变局,实现美国政党政治研究的与时俱进。

三、研究思路与章节安排

本章第一节首先提出了本书致力于探讨的核心问题,即为什么需要对美国政党政治的研究范式进行创新。在这一过程中,笔者列举了2008年金融危机以来,尤其是2016年大选后,美国政党政治的演变所呈现出的一系列新现象、新特征和新趋势,表明传统的研究视角和历史规律已无法有效回应美国政党政治的这些深刻变化及其正在经历的时代变局。以此为基础,本章第二节系统梳理和总结了国内外学界围绕这一问题所形成的三大代表性研究路径——关键性选举/政党重组理论、历史钟摆模式和渐进改良主义,指出了它们无法适应美国政党政治实践最新发展的内在缺陷,并分析了三种研究路径的思维共性——基于周期思维的理解模式及其阐述方式。因此,我们可以用美国政党政治研究的周期范式对上述既有研究路径进行概括。

在提出问题并对既有相关研究进行梳理总结的基础上,本书的主体内容将围绕对周期范式的系统反思以及以此为逻辑起点构建美国政党政治研究的新范式展开。第二章将重点从对美国政党政治演变脉络的再梳理入手,探讨周期范式的内在逻辑及其理论与实践意义,并指出其在理解和阐释美国政党政治最新实践发展方面的不足。为此,笔者首先以美国资本主义经济发展的四个主要阶段——自由资本主义阶段(1776—1860年)、垄断资本主义阶段(1860—1932年)、国家资本主义阶段(1932—1980年)和金融资本主义阶段(1980年至今)为依据,探讨由经济的周期性逻辑所影响和塑造的美国政党政治演变的周期性规律及其特征,以"经济-政治周期联动论"为抓手对美国政党政治的历史演变脉络进行重新梳理。以此为出发点,笔者将对美国政党政治研究的周期范式及其所具有的理论与实践意义进行总结。概言之,从理论层面看,周期范式的意义主要在于探索出了上述四个阶段美国政党政治演变的内在规律,形成了分析美国政党政治演变逻辑的理论工具,并抓住了不同历史阶段美国政党政治演变的主要矛盾。从实践层面看,周期范式的意义则在于帮助我们厘清了美国的政党政治博弈在不同历史阶段形成的政策导向、两党力量对比和理念差异的结构性变化及其互动方式,以及政党-选民联盟的动态演进。这些探索对于美国政党政治研究至关重要,它们既帮助我们对历史有了更加全面、清晰和深刻的理解,也为我们把握美国政党政治正在经历的时代变局提供了切入点和参照物。在上述梳理与总结的基础上,对周期范式何以失灵的分析成为本章的落脚点。笔者将围绕三个具体案例对这一问题进行探讨。第一个案例是 2008 年金融危机及其引发的美国经济、社会危机为何未能推动形成新的政治、社会共识,并由此导致奥巴马政治联盟存在深刻的内在不稳定性。第二个案例是 2016 年美国大选中的"特朗普现象"以及特朗普政治联盟的出现何以对周期范式形成颠覆。第三个案例是面对 2020 年由新冠疫情引发的经济、社会危机,拜登政府上台后追求的"中间主义"政治路线为何难以凝聚美国国内共识并推动美国政党政治步入新的周期。

第三章将在反思周期范式的基础上构建本书的分析框架——以认同范式对美国政党政治的研究进行范式创新。第二章对美国政党政治历史演变轨迹以及周期范式的总结和讨论表明,"经济决定论"根本上奠定了周期范式的学理假设前提,而"经济决定论"赖以存在的基础则是美国自立国起即形成并长期主导其政治、经济和社会发展的"自由主义-瓦斯普"共识框架。在这一大框架下,"经济-阶级"矛盾始终是美国政治和社会中的首要矛盾,因而美国政党政治的本质始终是"阶级型政党"之间的现实利益博弈,这一点构成了美国政党政治发展演变的主线,也使得美国资本主义经济周期的存在得以作用于政党政治,令政党政治的周期性变化成为经济的周期性变化的反映,使"经济-政治周期联动论"成为屡试不爽的分析手段。这一事实印证了"经济基础决定上层建筑"的逻辑,在美国政党政治发展的大部分时间里,"经济决定论"以及在此之上构建的周期范式成为研究和理解美国政党政治演变逻辑的主要工具。

然而,冷战后特别是 2008 年金融危机以来,美国政党政治研究的周期范式得以建立的前提——"经济决定论"不再是推动政党政治演化的唯一甚至首要逻辑,因而"经济-阶级"矛盾无法延续其作为左右美国政党政治演化首要核心变量的地位,"经济-政治周期联动论"也随之失去效用。追根溯源,美国政党政治正在经历的这一时代大变局植根于"经济决定论"的历史基础——"自由主义-瓦斯普"共识框架开始在美国国内政治和社会的各个领域受到越来越频繁和显著的冲击、削弱甚至破坏,例如,近年来美国国内日趋激烈的以右翼民粹主义为一方、以多元文化主义为另一方的"文化战争"造成的广泛而深刻的政治冲突和社会撕裂,以及"亨廷顿之问"变体的出现——从"谁是美国人"演变为"美国是谁的美国",都是实践中的典型案例。不难看出,周期范式的理论前提已经出现变化,这就导致其在理解美国政党政治大变局的过程中暴露出日益突出的内在局限。由此出发,我们需要探讨美国政党政治大变局在实践中的核心特征及其对历史的延续和断裂。就延续性而言,不可否认,"经济-阶级"矛盾仍然是美国政党政治演化中不容忽视的重要变量之一,因为经济议题关乎每个个体的日常生活,它始终是美国多数选民尤其是中间选民群体关注的首要议题。然而就断裂性而言,随着"自由主义-瓦斯普"共识框架的弱化和以"文化战争"为代表的不同社会群体间极化和撕裂程度的日益加深,"文化-身份"矛盾正在超越"经济-阶级"矛盾,成为左右美国政党政治演变尤其是政党选举动员的首要变量和有力武器,特别是在美国政治中来自左翼和右翼的极端选民群体的政治活跃度和投票率远高于沉默的中间选民群体的事实,促使这些群体发挥了不成比例的政治社会作用,产生了不成比例的政治社会影响。在此背景下,美国的政党-选民联盟构建的逻辑及其结构已出现重大变化,"阶级型政党"和"中间主义政党"正在日益朝着"观念型政党"和"部落主义政党"加速转型。正因如此,将"文化-身份"要素的首要性纳入美国政党政治研究中,是我们理解美国政党政治正在经历的时代大变局的有效抓手,也是认同范式构建的前提。

第四章将在认同范式构建的基础上对美国政党政治的研究议程进行重置,其主要内容分为政党政治理念变迁、政党政治结构变迁、政党政治议题变迁、政党政治生态变迁与政党政治整合前景五个部分,它们构成了理解美国政党政治大变局在实践中的具体表现、演进特征以及发展趋势等重要问题的有效切入点和观察窗口。第一,就美国政党政治理念的变迁而言,认同范式认为,近年来民主、共和两党的意识形态之争已经超越了传统的自由主义-保守主义这一"左、右"二分法,呈现出更为复杂的态势。长期以来,我们习惯于运用自由主义与保守主义之间的理念分野观察美国政党政治的实践,并将其置于美国政党政治研究议程的中心。然而正如前文论及的,该二分法的本质是"经济决定论"与"经济-政治周期联动论"背景下的两党经济、社会理念差异,其居于主导地位的前提是美国政治和社会在历史发展进程中长期形成的"自由主义-瓦斯普"共识框架。在这一共识框架受到持续冲击、挑战甚至破坏的今天,自由主义-保守主义二分法已经难以反映美国政党政治理念之争的全貌。例如,右翼民粹主义、白人至上主义和白人民族主义等反建制主义极端思潮的兴起,不仅将民主党代表的自由主义意识形态视为根本政治威胁,而且也对共和党的传统保守主义意识形态构成了巨大的政治挑战。因此,美国政党政治的意识形态内涵也已发生重大变化,"自由主义-瓦斯普"共识框架下的自由主义-保守主义传统二元框架被突破。在右翼民粹主义兴起的持续、有力推动下,左翼进步主义思潮事实上也变得日益激进,并与右翼民粹主义一道造成美国政党政治理念的进一步撕裂。在认同范式看来,对于这些现象、特征和趋势的分析需要超越"经济-阶级"的传统维度,将"文化-身份"矛盾视为首要变量,以此把握美国政党政治理念变迁的主线。

第二,就美国政党政治的结构变迁而言,当前的时代变局酝酿生成了周期范式视域下未曾出现的两党结构,因而其需要新的解释框架。一方面,民主、共和两党之间的极化结构在进一步深化;另一方面,民主、共和两党内部的分化也变得日益显著。在实践中,上述两方面变化遵循着并行不悖的两条轨道。显然,这与周期范式内"经济-阶级"变量作用下的政党政治结构形成了逻辑背离。在周期范式看来,美国两党政治结构越是极化,那么不同社会阶级之间的经济矛盾就越是尖锐,而同一政党和阶级内部的一致性就越强。反过来,美国两党政治结构越是非极化,那么不同社会阶级之间的经济矛盾就越是缓和,而同一政党和阶级内部的一致性就越弱。正因如此,周期范式对于美国政党政治极化的理解呈现出一体两面的特征:一面是两党之间异质性的增强,另一面则是两党内部同质性的增强。然而,美国政党政治正在经历的大变局却出现了两党极化与党内分化同步加剧的现象,这就超越了周期范式的解释范畴,需要运用"文化-身份"变量作为新的分析手段进行探讨。

第三,就美国政党政治议题的变迁而言,与上文提到的理念变迁相应,过去长期在美国政党政治中居于主导地位的核心议题出现了"去经济化"趋势。传统上,"自由主义-瓦斯普"共识框架下的周期范式认为民主、共和两党分别建立在自由主义和保守主义意识形态基础上的政策之争始终围绕着"经济-阶级"议题展开,其根本分歧是对政府与市场、国家与社会的关系存在不同理解,因此"经济优先"成为美国政党政治在实践发展中的核心议题特征。然而近年来,美国政党政治尤其是政治选举中更具决定性意义并真正加剧政治极化和社会分裂的"楔子议题"是一系列文化和价值观议题。因此,"经济优先"与"文化战争"两大议题之间开始出现越来越大的张力。很多情况下,基于"文化-身份"变量的投票行为逻辑和政治动员方式已经超越了基于"经济-阶级"变量的投票行为逻辑和政治动员方式,这就意味着美国政党政治的演变逻辑出现了重大变化。在实践中,拜登政府执政后致力于重振"经济优先"的首要地位、搁置"文化战争"议题以避免其对美国政治、社会造成更大分裂,但事实证明这一政策思路很难推行下去,它在实践中不仅面临着来自共和党方面的挑战和压力,还需要在民主党内部进行有效协调以应对来自党内左翼进步主义力量的不满。最终,这一路径被 2022 年 6 月"罗伊诉韦德案"(*Roe v. Wade*)的推翻所打破。很快,"文化战争"便再次成为美国政党政治博弈的首要议题。

第四,就美国政党政治生态的变迁而言,周期范式下的两党互动模式也已无法阐释美国政党政治的当下变局。基于"经济决定论"的民主、共和两党政治生态,无论是 19 世纪后期至 20 世纪 20 年代的"非对等极化"、20 世纪 30 年代至 60 年代的"对等合作",还是 20 世纪 70 年代以后日益突显的"对等极化",本质上都是围绕"经济-阶级"矛盾形成的两大政党及其背后政治联盟力量此消彼长的产物,即使是"对等极化"的极端形态——福山指出的"否决政治",也依然是这一逻辑的延续。然而，近年来美国政党政治演变的实践使得极化本身越来越难以涵盖其生态的全貌。在周期范式下，无论美国政党政治生态极化与否，其突出特点是这一生态具有显著的能动特征，在经济的周期性变化推动下总能实现两党政治力量的重大调整与政治阵营的分化重组。当下美国政党政治生态一个新的突出特征是流动性的大幅下降和"部落化"趋势的日益显著，从而在极化的基础上形成了所谓"钙化"特征，即基于"文化-身份"认同的政党-选民联盟内部的稳固性以及两大政党-选民联盟之间的对立程度远甚于周期范式下基于"经济-阶级"利益的政党-选民联盟。这就回应了三个重要的现实问题：一是为何近年来美国政党政治生态进一步恶化并导致"报复性政治"大行其道。这一点在特朗普政府和拜登政府执政期间的两党恶斗中体现得淋漓尽致。二是为何经济议题难以成为撬动政党-选民联盟转换的有力杠杆。这一点在2022年美国国会中期选举中体现得十分明显。三是美国政治中的稳定多数党为何越来越难以形成。这一点在2022年美国国会中期选举中众议院席位创纪录的低位变动中体现得尤为突出。

第五，就美国政党政治的整合前景而言，在文化-身份这一主要矛盾的持续推动和"观念型政党""部落主义政党"不断发展的背景下，民主、共和两党内部的剧烈分化将通过何种方式进行整合，将在很大程度上决定未来中长期美国政党政治的走向。就民主党而言，其面临的根本整合难题在于，究竟是以拜登为代表的温和派的中间主义为纽带对进步派与中右派进行多元平衡式的整合，还是彻底拥抱认同政治与"文化战争"以回应日益极化的政治环境与愈发撕裂的社会结构？历史上，以多元平衡为整合路径的民主党政治联盟取得过不可否认的政治成功，但却难以充分回应变化了的政治社会环境带来的差异化诉求。面对美国国内人口结构深刻变化和"文化战争"长期化的新常态，民主党内越来越多的政治精英尤其是其中的进步派开始认为，最有效的整合路径是放弃传统的脆弱多元平衡结构，转而拥抱能够得到持有自由派立场的白人、持有温和保守派立场的少数族裔所共同接受的基于文化-身份的认同政治，这样才有可能帮助该党形成一个至少稳定的政治联盟。就共和党而言，问题的关键在于如何面对特朗普带来的正反两方面影响。一方面，在经过了特朗普政府执政四年对美国政治生态的深刻重塑以及2020年美国大选两党极为罕见的激烈较量引发巨大的选举结果合法性争议之后，一个不容忽视的关键现实是，特朗普在共和党内的号召力和影响力不减反增。然而另一方面，2022年美国中期选举的结果却让共和党过去六年狂飙突进的"特朗普化"进程遭遇前所未有的挑战。因此，"特朗普化"与"去特朗普化"之间的角力依然是共和党需要妥善应对的内部困境。归根到底，面对美国政党政治正在经历的时代变局及其演化逻辑的根本性变化，共和党将与民主党一样不得不向基于文化-身份要素的"观念型政党"和"部落主义政党"转型，因而共和党的"特朗普化"趋势恐难逆转。

第五章将在前述章节进行了美国政党政治研究范式创新和研究议程重置的基础上，运用这一新的研究范式及其议程对当前美国政党政治发展演变中的两个重要的政治、社会案例进行探讨。认同范式对于文化-身份要素的强调，特别是对于后"自由主义-瓦斯普"共识背景下美国国内文化战争和身份政治兴起及其愈演愈烈的发展态势所具有的重要意义的逻辑阐释，还可以帮助我们更为深刻地理解近年来美国社会裂痕加深与民主危机加剧的根源。因此,该章将分别以近年来美国政党政治实践中备受关注且具有深远影响的两大政治社会事件——"罗伊诉韦德案"裁决和国会山骚乱事件——为案例,分析认同范式视域下美国社会裂痕与民主危机持续深化和发酵的根源。就近年来美国社会裂痕的持续加深而言,"罗伊诉韦德案"裁决意味着保守主义和"瓦斯普"文化在美国社会领域的强势复兴史无前例地对当代自由主义和多元文化主义形成了巨大冲击和挑战,表明"后共识"时代的到来将使以"文化战争"为代表的美国社会裂痕持续加深,进而深刻影响美国社会的发展走向。概而言之,当代美国保守主义与"瓦斯普"文化价值观的演化是一个渐进积累并最终大规模复起推进的过程,在此期间,20世纪80年代的里根革命和2016年以来形成的特朗普革命扮演了重要角色,使得当代美国的保守主义和"瓦斯普"文化价值观被赋予了四重内涵:作为政治意识形态和动员工具的保守主义和"瓦斯普"文化、作为社会文化理念的保守主义和"瓦斯普"文化、作为民族国家象征的保守主义和"瓦斯普"文化以及作为政治哲学方法论的保守主义和"瓦斯普"文化,上述内涵及其发展将对美国中长期社会文化的演变产生重大影响。就近年来美国民主危机的形成而言,其直接表征即2020年美国大选后爆发的国会山骚乱事件所指向的基于认同的美国政治分裂的出现。2021年1月6日,超过2 000名特朗普的支持者基于对2020年美国总统大选结果的不满和质疑,发起大规模示威抗议并冲进了位于美国首都华盛顿的国会大厦,成为美国的民主政治自南北战争结束后出现的最大危机。在认同范式看来,造成国会山骚乱事件进而美国民主危机出现的根本原因在于近年来美国国内不同政治群体基于文化-身份要素的政治博弈和斗争日益激化,在政党政治"部落化"发展趋势下,这种博弈和斗争对美国的宪法框架和政治体系造成了剧烈冲击,反映出在后"瓦斯普-自由主义"共识下美国民主危机背后深刻的价值观根源。

第六章是对本书论点及其内容的总结。通过对近年来美国政党政治在发展演变过程中出现的前述诸多新现象、新特征和新趋势的观察,笔者认为美国的政党政治正在经历深刻的时代变局,旧有的周期范式难以充分、有效地回应实践的新变化,以"经济-阶级"矛盾为首要变量的分析框架和所谓"经济决定论"和"经济-政治周期联动论"等研究假设不再适用。为此,本书构建了一个新的美国政党政治研究范式——认同范式,在引入"文化-身份"变量的基础上,对美国政党政治的研究议程进行了重置,表明美国的两大政党正在从"阶级型政党"和"中间主义政党"朝着"观念型政党"和"部落主义政党"持续加速转型。当然,这一研究范式也有自身存在和运行的内在局限与不足,因此我们需要继续保持对美国政治、经济和社会结构性变迁的观察和把握,不断提升美国政党政治的研究水平和学术创新能力。

第二章
美国政党政治的演变与周期范式的失灵

一、美国政党政治的演变脉络

历史是最好的参照系。由于美国政党政治研究的周期范式本质上建立在"经济决定论"和"经济-政治周期联动论"的基础上,所以笔者将按照美国经济发展的历程对美国历史进行四个阶段的大体划分,即自由资本主义阶段(1776—1860年)、垄断资本主义阶段(1860—1932年)、国家资本主义阶段(1932—1980年)和金融资本主义阶段(1980年至今)。通过对上述四个阶段美国政党政治演变脉络的梳理,我们一方面可以更加全面和深刻地理解周期范式对于美国政党政治历史演变的分析意义和价值,另一方面则可以为后文聚焦美国政党政治实践的最新发展及其反映出的这一范式的不足奠定基础。

(一)自由资本主义阶段:古典自由主义传统与现代美国两党制的萌芽

在美国立国早期,前文提到的古典自由主义的政治、经济发展模式取得了历史性成功。一方面,建立在有限政府原则基础上的政治理念使得代议制民主成为美国政治实践的核心内容,其中主要包括政府权力分立、竞争性选举以及两党制政治体系。这些制度安排在有效保障个人自由不被政治权力侵犯的同时,也为个人提供了监督和制约政府的多种手段,并由此推动了美国"参与型"政治文化的形成。① 另一方面,建立在自由竞争原则基础上的市场经济制度,让市场在资源配置中发挥了压倒性的支配作用,最大限度地激发了个人的创造活力,推动美国经济在自由资本主义阶段实现了高速发展。结果是,到19世纪末时,美国已崛起为人类历史上规模最大也最为发达的工业化、现代化国家。②

古典自由主义取得的这些成功有其特殊的历史原因和时代背景。首先,美国的工业化进程是在其大陆扩张时期完成的,这就为自由主义的发展提供了极为广阔的空间。从1776年到1898年,美国仅用五千多万美元和几次小规模战争,就顺利地从大西洋西岸扩展到太平洋东岸,领土面积由最初的80万平方千米猛增至937万平方千米。持续西移的边界为美国的崛起奠定了坚实基础,"西进"也随之成为美国自由精神的象征。③ 其次,工业革命创造的技术前提连同自由资本主义阶段有利的市场环境提供的创新沃土,对美国经济的腾飞起到了有力助推作用。历史研究表明,美国早在19世纪初便开

---

① 参见[英]约翰·密尔:《代议制政府》,汪瑄译,北京:商务印书馆,1982年; Gabriel Almond and Sidney Verba, *The Civic Culture: Political Attitudes and Democracy in Five Nations*, Princeton: Princeton University Press, 1972.
② 美国的工业规模在1894年超越大英帝国成为全球第一。参见 Paul Kennedy, *The Rise and Fall of the Great Powers*, New York: Random House, 1987, pp. 378-380.
③ [美]艾伦·布林克利:《美国史(1492—1997)》,邵旭东译,海口:海南出版社,2009年,第463页。

始发展工业经济,到内战前已经具备完善的工业基础。① 在自由资本主义的市场环境下,工业化为个人提供了事业成功和发财致富的机会。结果是,以电力、石油和钢铁产业的崛起为代表,美国成为第二次工业革命的领头羊。最后也最重要的是,在自由资本主义阶段,美国社会的结构性矛盾尚未突显,以男性中产阶级占据主流的白人盎格鲁-撒克逊新教(White Anglo-Saxon Protestant,WASP)文化(也被称为"瓦斯普"文化)与古典自由主义理念实现了高度契合,强调开拓精神、创新意识及辛勤工作,这就为美国经济、社会的发展以及对个人主义-理性主义的进一步强化增添了强大的思想和实践动力。② 这种结合使得前文提到的"自由主义-瓦斯普"共识框架成为分析和理解美国政党政治历史演变规律的逻辑前提。

然而,古典自由主义的发展模式从 19 世纪后期开始却变得问题丛生,其直接原因在于上述有利于这一模式发展的历史原因和时代背景大部分都已不复存在。首先,随着美国从自由资本主义过渡到垄断资本主义,自由竞争与放任政策已与新的经济模式不相适应:垄断的出现很大程度上终结了自由资本主义时期的创新环境,在产生阶级固化趋势的同时,劳资矛盾成为美国经济发展的突出问题之一。③ 其次,工业化和城市化的高速推进导致美国的社会结构趋于复杂、社会问题日益积累,尤其是贫富差距增大使社会矛盾愈发尖锐化;与之相关,族群冲突开始成为美国难以治愈的顽疾。最后,由于大陆扩张走到

---

① [美]艾伦·布林克利:《美国史(1492—1997)》,邵旭东译,第 497 页。
② [德]马克斯·韦伯:《新教伦理与资本主义精神》,于晓、陈维纲译,北京:生活·读书·新知三联书店,1987 年,第 100 页。
③ Richard Hofstadter, *The Age of Reform: From Bryan to F. D. R.*, New York: Alfred A. Knopf, 1965, p. 16.

尽头、美国边疆趋于封闭,此前古典自由主义粗放式发展所仰赖的空间以及经济、社会矛盾得以消解的缓冲区间大为缩小。①

总的来看,这一阶段的美国政党政治处于现代两党制的萌芽状态,尚未形成周期范式下民主、共和两党相对稳定的政党-选民联盟格局及其差异化意识形态与政策理念,不同政党在古典自由主义意识形态和自由资本主义的发展模式问题上并不存在根本分歧。实际上在美国建国初期,开国元勋普遍对政党与政党制度持批判和反对态度。美国首任总统乔治·华盛顿(George Washington)在其著名的告别演说中即指出,政党对民主国家而言是十分危险的,国家政治应摒除党派歧见。② 美国第四任总统詹姆斯·麦迪逊(James Madison)也指出,政党的出现会破坏政治的公共性。③ 然而在美国的宪政框架和自由主义传统的影响下,政党的出现实际上不可避免。④ 1793年,托马斯·杰斐逊(Thomas Jefferson)辞去美国国务卿一职,以民主共和党为旗帜抗衡亚历山大·汉密尔顿(Alexander Hamilton)带领的联邦党,并于1800年取得美国大选的胜利,开启了民主共和党长达24年的执政党地位。随后,美国的选举政治逐步取消了对财产的限制,并由此导致了大众政治的蓬勃兴起。1812年第二次英美战争和哈特福德会议事件后,联邦党逐渐退出了历史舞台,使得失去党争压力的民主共和党出现了内

---

① Robert Dahl, *Dilemmas of Pluralist Democracy*, New Haven: Yale University Press, 1982, chapter 8.
② "Washington's Farewell Address to the People of the United States," Senate of the United States Congress, https://www.senate.gov/artandhistory/history/resources/pdf/Washingtons_Farewell_Address.pdf.
③ "James Madison Speech at the Philadelphia Convention," CSAC Archive, https://archive.csac.history.wisc.edu/3._James_Madison_Speech_at_the_Philadelphia_Convention.pdf.
④ 师枫燕:《美国政党制度缘起》,《美国研究》1988年第1期。

部分裂,形成了安德鲁·杰克逊(Andrew Jackson)领导的民主党和松散联合的辉格党并立的格局。民主党为适应选举需要,率先发展出党派会员制、政党全国代表大会和全国委员会制、候选人提名程序和竞选运营模式,推动美国政治进入持续时间超过30年的"杰克逊式民主"时代。在此期间,作为反对党的辉格党凭借反对奴隶制的政治立场,逐步发展出一个新的国内政治联盟即共和党,并通过1860年大选这一关键性选举将林肯送入白宫。自此,美国的现代两党制在组织上正式成型。

(二) 垄断资本主义阶段:古典自由主义与美国政党政治的"非对等极化"

在美国两党制政治模式逐步定型的基础上,19世纪后期美国疾速变化的经济、社会发展现实与古典自由主义面临的问题反映到政党政治实践层面,便集中表现为南北战争后美国政党政治所经历的大规模重组过程与日趋显著的政治精英主义(elitism)倾向。[①] 1865年美国内战结束后,以共和党为代表的东北部-西部政治联盟逐渐成为美国政治中的主导力量。这一联盟由东北部的金融、工商业利益集团与西部的农牧业利益集团构成,主张联邦主义、高关税和自由放任的经济政策,以保护国内产业、加速推进工业化及海外扩张。[②] 由此,共和党已经逐步演化为垄断资产阶级利益的代言人和维护者。按照美国

[①] James Sundquist, *Dynamics of the Party System: Alignment and Realignment of Political Parties in the United States*, Washington, D. C.: The Brookings Institution, 1983, pp. 134-169.

[②] Ronald Brownstein, *The Second Civil War: How Extreme Partisanship has Paralyzed Washington and Polarized America*, New York: Penguin Books, 2007, pp. 29-32.

著名政治学家卡尔·莱德(Carll Ladd)的说法,共和党成了"工业国家党"①。很大程度上,正是当时在美国国内占据主流地位的上述施政理念,加剧了19世纪后期伴随美国高速工业化而来的社会贫富分化现象和对以弱肉强食为基本法则的"社会达尔文主义"的信仰。② 例如,在美国内战前,全国范围内几乎没有资产达百万以上的富豪,而在内战后的短短二三十年内,以石油和铁路大亨等为代表,美国的百万富翁开始急速增长,到1892年时超过4 000人。③ 以此为背景,东北部的工业、金融寡头和中西部的农牧场主才被美国作家马克·吐温(Mark Twain)等描绘成经济上贪得无厌的利益追逐者和美国政治逐渐走向腐败的幕后操纵者,而这一历史阶段则被其称为"镀金时代"(the gilded age)④。

镀金时代共和党"一党独大"的另一面,是正在形成中的现代民主党及其施政理念。此前,民主党一直奉行上文提到的"杰克逊式民主",认同政府是必要的"恶"这一古典自由主义理念。然而,镀金时代的工业化使美国的社会结构出现剧烈分化,农民、工人和广大新进外来移民成为美国社会中的弱势群体,民主党随之逐渐转向其当代理念,主张"积极政府"(active government),用以保护以工人阶级为代表的社会中下层民众的利益。在具有象征意义的1896年美国总统大选中,民主党候选人威廉·布莱恩(William Bryan)开始呼吁政府和社会关

---

① Carll Ladd, *American Political Parties: Social Change and Political Response*, New York: W. W. Norton, 1970, p. 46.
② Richard Hofstadter, *Social Darwinism in American Thought*, Pennsylvania: University of Pennsylvania Press, 1945, pp. 114-120.
③ [美]艾伦·布林克利:《美国史(1492—1997)》,邵旭东译,第506页。
④ [美]马克·吐温、查尔斯·沃纳:《镀金时代》,春燕译,呼和浩特:内蒙古人民出版社,2010年。

注"挣扎中的民众",对工商业寡头的权力进行制约;共和党候选人威廉·麦金莱(William McKinley)则极力维护既有的古典自由主义的施政路线,主张自由放任的经济政策。① 至此,现代意义上的美国两党制不仅在组织意义上,而且在意识形态及政策理念意义上初具雏形,关于华盛顿究竟应该管控还是顺应自由市场才能推动美国经济繁荣和社会进步的争论,也在此后成为美国政党政治的核心议题。② 毫无疑问,这就为运用周期范式理解美国政党政治的演变提供了条件。

基于镀金时代美国国内政治力量对比的现实与日渐浮现的观念冲突,民主共和两党间的"非对等极化"(deeply but not closely divided)成为政治过程的常态化模式。由于以共和党为代表的东北部-西部联盟相对于以民主党为代表的南部联盟具有压倒性政治优势,因而在此期间共和党及其自由放任政策始终主导着美国的国内政治议程。其间,由四位共和党资深参议员——来自罗德岛州的纳尔逊·奥德里奇(Nelson Aldrich)、艾奥瓦州的威廉·艾利森(William Allison)、康涅狄格州的奥威尔·普莱特(Orville Platt)以及威斯康星州的约翰·斯普纳(John Spooner)——组成的保守派联盟(Big Four)牢牢掌控着国会的权力。到20世纪初时,随着上述四位资深议员的离世或式微,共和党内出现了所谓保守派与进步派的分裂,进而导致伍德罗·威尔逊(Woodrow Wilson)幸运地作为自20世纪初起一直到"大萧条"前唯一的民主党候选人赢得总统宝座。然而,共和党内部出现的分裂很快便让位于党间斗争:正是共

---

① James Sundquist, *Dynamics of the Party System: Alignment and Realignment of Political Parties in the United States*, pp. 28-32.
② Ronald Brownstein, *The Second Civil War: How Extreme Partisanship has Paralyzed Washington and Polarized America*, p. 28.

和党进步派对于威尔逊时期的大多数进步主义改革措施抱持激烈的反对意见,才使得威尔逊时期的政党政治极化程度达到了历史高点。① 结果是,20世纪初昙花一现的进步主义改革并未从根本上扭转共和党的古典自由主义路线,也没有解决美国日益加剧的贫富分化问题,反而使得20世纪20年代成为美国历史上自由放任政策登峰造极的时期。

古典自由主义的理念走到极限,按照中国学者资中筠的说法,使得美国的经济、社会发展模式从市场竞争转变成了市场"专政"②。在此期间,不受约束的市场经济帮助垄断资产阶级迅速积累了大量财富,社会贫富分化愈发严重,最终造成生产过剩和消费匮乏。结果是,以大量资本涌入股票市场形成金融的过度投机为导火索,一场史无前例的经济进而社会的巨大危机摧毁了人们对于古典自由主义的信心。大多数经济理论家突然发现,原先被奉为圭臬的自由主义市场调节理论失灵了,已成为世界最富有国家的美国竟然陷入了如此悲惨的境地:华尔街的银行接连倒闭,领不到退休金的退伍军人四处游行乞讨,而无家可归的城市居民则在纽约中央公园搭建起了被戏称为"胡佛村"的简陋棚屋。在古典自由主义模式失灵和"大萧条"带来灾难性后果的背景下,美国社会开始对古典自由主义的世界观进行反思,由此引发了古典自由主义的裂变、美国政党政治力量的重组及其当代政治二元结构的形成。在这一过程中,我们可以发现古典自由主义蕴含的内在悖论与美国政党政治演化的周期性逻辑。

---

① James Holt, *Congressional Insurgents and the Party System, 1909－1916*, Cambridge: Harvard University Press, 1967, pp. 81-94, 106-120.
② 资中筠、陈乐民:《冷眼向洋:百年风云启示录》(上),第315—320页。

(三) 从国家资本主义到金融资本主义：古典自由主义的
内在悖论与美国政党政治的周期性重组

美国自由主义的发展模式从19世纪后期开始暴露出的缺陷，植根于其对个人主义-理性主义的内在信仰之中。前文已经阐明，这一信仰将个人及其理性置于一切社会事物之上，对于人类运用自身理性实现个人追求、改造现实世界以至于达致理想社会的前景持积极乐观的态度，因此主张个人权利优先、有限政府以及充分自由的市场经济。可以说，这一"美国版"自由主义的世界观本质上是工业中产阶级以及白人盎格鲁-撒克逊新教文化的集中体现，它一方面推动了美国现代国家的建立，连同工业化、城市化和市场化的高速发展，但另一方面也在实践中逐步呈现出了日益显著的政治精英主义特征、经济不平等性以及社会达尔文主义倾向，这些问题在镀金时代美国国内政治不断极化、经济走向市场"专政"化以及社会贫富悬殊和劳资矛盾趋于深化的过程中扮演了重要的推动者角色。[1] 最终，不加约束的个人主义-理性主义引发了巨大的非理性灾难，甚至导致美国的政治经济体制濒临崩溃的边缘。

在"大萧条"形成的现实与心理冲击中，古典自由主义的方法论——以实用主义哲学为基础的渐进改良——开始对美国既有的政治、经济体制进行反思和变革，并试图对个人主义-理性主义加以修正。实际上正如前文提到的，早在19世纪末美国政治形成真正意义上的现代两党制时，民主党便已看到了古典自由主义模式内在的问题，认为与政治权力扩张必然侵害个人自

---

[1] 唐士其：《美国政治文化的二元结构及其影响》，《美国研究》2008年第2期。

由和民主体制一样,经济权力扩张带来的社会贫富分化同样有违政治民主的本质。因此,民主党开始倾向于以"积极政府"推动经济平等。然而,在镀金时代自由主义理念根深蒂固以及两党形成"非对等极化"政治格局的背景下,平等观念无法与自由观念相提并论,这也是进步主义改革最终未能扭转古典自由主义模式和美国政党政治格局的原因。以"大萧条"带来的变革呼声为强大动力和催化剂,美国政治开启了其发展历程中最重要的一轮政党重组——1932年重组。[1] 在这轮重组中,民主党的势力范围从美国南方迅速扩展到了东北部,其崛起使得当代美国政治的两党对等模式彻底成型。[2] 凭借当时极为有利的时代条件,民主党及其当代自由主义开始在美国政治中占据上风。以"罗斯福新政"为标志,民主党在实践中逐步完成了自由主义从反政治权力到反经济权力、从有限政府到积极政府、从经济的自由放任模式到凯恩斯主义模式、从信奉发展理念主导的消极自由到提倡平等理念主导的积极自由,以及从政治文化的精英主义到普遍主义等的过渡,从而形成了自由主义的民主党式变体。

然而,对于体制的反思与改革并不意味着传统的自由主义世界观能够被轻易颠覆。虽然罗斯福新政以及1932年重组彻底改变了美国政治版图,但古典自由主义以个人主义-理性主

---

[1] 关于这轮政党重组对于美国政治影响的系统性论述,参见 David Burner, *The Politics of Provincialism: The Democratic Party in Transition, 1918-1932*, New York: W. W. Norton, 1967; Gerald Gamm, *The Making of New Deal Democrats: Voting Behavior and Realignment in Boston, 1920 - 1940*, Chicago: University of Chicago Press, 1986; Carl Degler, "American Political Parties and the Rise of the City: An Interpretation," *Journal of American History*, Vol. 51, June 1964, pp. 41-59。

[2] Richard Bensel, *Sectionalism and American Political Development: 1880 - 1980*, Madison: University of Wisconsin Press, 1984, p. 62。

义为核心的基本理念及其相应主张依然在美国政治中有着强大的生命力。例如,以 1938 年美国国会中期选举中共和党迅速在参众两院收复失地为标志,保守派在国会中形成了一支有效抗衡"新政"(New Deal)法案的力量。① 因此,当代自由主义对于美国政治的改造并未使其全然取代古典自由主义的影响,而是造成了古典自由主义的裂变:在民主党式变体的另一面,是中西部共和党连同南方部分保守派民主党对于古典自由主义世界观的信仰。② 正是在这一背景下,为了在实践中有效推进当代自由主义的政治、经济议程,从罗斯福到肯尼迪的民主党总统才不得不通过在诸多社会政策上与南方保守派民主党人以及东北部温和派共和党人进行妥协,以构建并尽力稳固"新政联合体"。结果是,美国政治格局在"大萧条"后步入了一个极为特殊的过渡时期:以新旧观念的碰撞连同政党重组带来的巨大张力为诱因,一种"四党制"(four party)或曰两党"对等合作"的模式成为新政时代特有的美国政党政治现象。③

随着 20 世纪 60 年代民权运动以及多元文化主义崛起所导致的当代自由主义的过度伸展,以及凯恩斯主义发展模式引发的一系列经济社会问题——包括财政赤字的迅速增长、经济

---

① Ronald Brownstein, *The Second Civil War: How Extreme Partisanship has Paralyzed Washington and Polarized America*, p. 55.
② 美国南方的保守派民主党人虽然大体认同当代自由主义关于积极政府和市场监管的理念,却难以接受多元主义的社会文化理念,因此重组后民主党政治联盟内部的张力存在于南方保守派与东北部自由派关于社会改革的分歧之中。
③ 所谓"四党制"指的是在这一特殊的过渡阶段,两党内部都存在自由派和保守派,意识形态不再以党派划线;两党"对等合作"则指的是在两党势均力敌并且意识形态不以党派划线的情况下,政治共识的达成需要两党之间以及各党内部实现相互妥协与合作。

发展陷入"滞胀"以及民主党的"伟大社会"(Great Society)式福利国家流于空想,美国的社会矛盾因政府与市场之间关系的张力而再度被激发出来,最终瓦解了罗斯福缔造的"新政联合体"(the New Deal Coalition)。结果是,20 世纪 60 年代末成为美国又一轮政党重组的起点。在这一过程中,共和党跨越区分美国南北部地理分界线的"梅森-迪克逊线",通过所谓"南进战略"(Southern Strategy)使保守的南方逐渐与民主党分道扬镳。这一变化在政治上表现为,来自南方的民主党国会议员数量呈现出骤降之势:1947 年时,南方民主党国会议员占国会中民主党全部议席的 60%;而到 1980 年时,这一数字已降至 30%。① 另外,日益自由化的美国东北部则成为民主党的坚强堡垒,共和党内传统的温和派/自由派在这一区域逐渐式微。② 经过这一轮政党重组,"对等合作"时代两党在意识形态和势力范围上相互重叠的状况一去不复返。随着以民主党为代表的东北部-太平洋沿岸联盟变得越来越自由化,同时以共和党为代表的南部-中西部联盟转而日趋保守化,当代美国政治由分别强调反政治权力和反经济权力而来的观念性张力以及由这种张力塑造的精英主义/消极自由与普遍主义/积极自由对立的政治二元结构,最终以民主、共和两党"对等极化"的

---

① Martin Wattenberg,"The Building of a Republican Regional Base in the South: The Elephant Crosses the Mason-Dixon Line," *Public Opinion Quarterly*, Vol. 55, No. 3, 1991, pp. 424-431。对于这一时期美国南方政党重组的专门分析,参见 Earle Black and Merle Black, *Politics and Society in the South*, Cambridge: Harvard University Press, 1987; Nicol Rae, *Southern Democrats*, New York: Oxford University Press, 1994。

② Nicol Rae, *The Decline and Fall of the Liberal Republicans from 1952 to the Present*, New York: Oxford University Press, 1989。

形式表现了出来。①

20世纪60年代末开启的这一轮政党重组以1980年美国大选中共和党总统候选人罗纳德·里根(Ronald Reagan)的压倒性胜利而宣告完成。在里根赢得大选的当晚,美国《华盛顿邮报》著名政治专栏作家大卫·布罗德(David Broader)写道:一个时代结束了,另一个时代开始了。② 这就意味着,美国的变革传统在时隔近半个世纪后推动其政治发展又迈入了一个新阶段。这一次,变革的动力在于"二战"后资本主义繁荣的结束标志着凯恩斯主义式的社会民主走向困境,人们对美国当代自由主义的政治、经济、社会以及外交理念感到不满,认为它导致了联邦政府机构臃肿不堪、财政赤字与日俱增、经济活力下降与"滞胀"频发、主流的白人盎格鲁-撒克逊新教文化被社会改革所稀释,以及对外战略过于理想化以至于酿成越南战争悲剧等。结果是,美国当代自由主义者的政治对立面——"新右派"(New Right)逐渐崛起为一支极具影响力的政治力量,一种致力于回归古典自由主义基本取向、被称为"新自由主义"(neoliberalism)的发展理念成为美国政治的主导原则,其中有限政府、减税、平衡预算以及对金融监管的松绑等构成了这一理念的核心,并且相较于古典自由主义,新自由主义进一步强调了财产权和私有化的重要性,认为"私即好、公即坏";同时,这一理念将个人主义和自由市场原则从国家层面推广到了全球层面,认为全球化可以让这些原则得以被更好地落实并扩

---

① 对于这一时期美国政治演化逻辑的专门分析,参见汪仕凯:《不平等的民主:20世纪70年代以来美国政治的演变》,《世界经济与政治》2016年第5期。
② David Broader, "A Sharp Right Turn: Republicans and Democrats Alike See New Era," *Washington Post*, November 6, 1980.

展。① 可以说，新自由主义及其以"里根革命"为标志开启的所谓新镀金时代，实现了对当代自由主义的一次"反叛"，美国政治的演化路径再一次朝向了个人主义-精英主义，并且这一模式在冷战后被进一步强化。②

通过以上分析不难发现，自美国内战后逐步形成现代意义上的两党政治模式以来，以变革为根本手段，以政党重组带来的政治力量对比连同相应国家治理观念的更新作为变革的主要形式和政治周期性演化的关键动力，美国的政党政治完成了从镀金时代到新镀金时代的历史变迁。在政治变革和政党重组背后，则是古典自由主义与当代自由主义因分别强调反政治权力和反经济权力而形成的两种自由观念的张力，以及在这一张力作用下不断固化的以精英主义/消极自由与普遍主义/积极自由两极对立为特征的政治二元结构。因此，上述观念、结构、动力和手段的层层递进与相互嵌套构成了美国政党政治演化最为直观和清晰的逻辑。在厘清这一逻辑的基础上，一个更为根本的问题是：作为美国政党政治演化的思想源流与实践动力，古典自由主义产生观念性裂变的学理根源是什么。从这一点进行切入，我们是否可以得出关于历史上美国政党政治演化逻辑的更深层结论？笔者认为，古典自由主义的裂变植根于其世界观和方法论之间内在的一项悖论。一方面，作为人类文明由农业时代步入工业时代的智力产物，自由主义以个人主义-理性主义为核心的世界观通过启蒙运动找回了人性，并在观念

---

① 新自由主义的思想源自弗里德里希·哈耶克（Friedrich Hayek）、弥尔顿·弗里德曼（Milton Friedman）等自由市场经济学家以及罗伯特·诺齐克（Robert Nozick）等政治哲学家。
② 强化的标志即所谓"历史终结论"。参见 Francis Fukuyama, *The End of History and the Last Man*, New York: Free Press, 1992.

上将个人及其理性置于其他一切社会事物之上,认为依靠人类理性能够实现有效改造现实世界、构建理想社会的目标,这就在意识形态上将个人主义-理性主义内化为了一种坚定信仰。然而另一方面,工业中产者的阶级身份又令自由主义者在改造现实世界、构建理想社会的方式选择上显著地比激进主义者更加稳健。自由主义者主张以渐进改良为手段推动体制内变革,这一点成了自由主义方法论的核心,并且本质上反映出一种对于人类及其理性的"审慎"乐观,甚至相较于激进主义,自由主义改造世界的手段意味着其看到了个人主义-理性主义无法摆脱的局限性。因此,当代美国政治意识形态出现裂变与冲突的根源在于古典自由主义的世界观和方法论在如何看待个人主义-理性主义这一重大问题上有着一项难以解决的内在悖论,这一悖论构成了周期范式下美国政党政治演化的根本逻辑基础。

从上述结论出发并结合美国政党政治的实践,我们可以发现自19世纪后期特别是20世纪30年代的"罗斯福新政"起,在古典自由主义的世界观对于个人主义-理性主义挥之不去的信仰冲动与其方法论对于个人主义-理性主义的制约和修正之间,始终存在激烈的相互角力。正是在这一角力之下,美国政党政治的历史才呈现出周期性循环往复的演变特征,在实践中先后经历了当代自由主义改造古典自由主义,以经济平等化、社会结构中间化与政党"对等合作"为特征的新政时代,以及在新自由主义浪潮下以经济金融化、社会贫富分化以及政党"对等极化"为特征的新镀金时代。接下来,笔者将分别对美国政党政治在这两个历史时期的演化进行简要回顾和总结,从而为我们理解今天美国政党政治的现实提供学理和逻辑前提。

(四) 国家资本主义阶段：当代自由主义与政党"对等合作"模式的形成

1950年，美国政治学会（American Political Science Association，APSA）下设的政党研究委员会发布了一份极具影响力的研究报告，声称自20世纪40年代以后，美国的政党政治已呈现出日益明显的非政治（apolitical）特性，政治辩论和斗争已经彻底成为过去，两党制的监督功能逐渐弱化，美国因此正面临着民主异化的危机。① 的确，到"二战"结束时，美国的政治图景已远不如19世纪末那样党派极化、充满斗争，而是越来越朝着政治光谱的中心靠拢。正如政治学家弗拉基米尔·奥兰多·基指出的，随着罗斯福新政的开展和"二战"的结束，社会阶级作为美国不同党派利益标签的现象一去不复返了。②

"二战"对美国制造业生产形成的巨大刺激，以及与之相伴的美国经济所经历的战后十五年"黄金期"，是上述局面出现的重要原因之一。1945—1960年，美国国民生产总值（GNP）增长了250%，由2 000亿美元迅速增加到5 000亿美元。此外，20世纪30年代"大萧条"期间美国国内平均高达15%—25%的高失业率，到了五六十年代一直保持在5%，甚至更低水平，同时物价上涨率也仅在3%或以下徘徊。经济繁荣的直接效应是，1960年美国人的平均购买力比1945年增加了20%以

---

① American Political Science Association, "Toward A More Responsible Two-Party System: Report of the Committee on Political Parties," *American Political Science Review*, Vol. 44, No. 3, 1950, pp. v-96.
② V. O. Key Jr., *Politics, Parties, and Pressure Groups*, New York: Thomas Y. Crowell, 1958, p. 274.

上。到 1969 年时,美国的人均年收入(包括所有男性、妇女和儿童)已经超过了 1 800 美元,比 15 年前增长 500 美元。其结果是,当时美国人的生活水平已经达到了人类历史上所有国家人民生活中的最高水平。与经济发展相伴随的是美国社会的健康、活力和自信:富裕的人们开始发展出日益发达的"消费文化",现代美国西部的崛起、凯恩斯主义政治经济学的有效性,都使人们对未来充满信心,以至于"新边疆"(New Frontier)和"伟大社会"等充满鲜明的当代自由主义色彩的远大设想成为美国政治的主流。①

正如人类历史一再表明的那样,经济增长是政治纷争的"止痛剂",经济衰退则极易引发政治动荡。因此,新政时代特别是"二战"后美国经济的高速发展使镀金时代造成的阶级冲突逐渐淡化,政治领导人由此便得以在一系列议题领域找到一个国内政治、社会的"最大公约数"②。正是基于社会阶级分化日趋模糊的现实,美国政治学者沃尔特·波哈姆在对这段历史进行回顾和总结时写道:"20 世纪五六十年代或许可以被描述

---

① 以上数据和资料参见[美]艾伦·布林克利:《美国史(1492—1997)》,邵旭东译,第 825—826 页。导致这一时期美国经济以及社会繁荣的因素有很多,其中最重要的是以下五点:(1)政府消费(包括投资学校、住房、老兵福利、社会福利以及 1956 年开始的 1 000 亿美元"州际高速公路计划"建设)显著刺激了经济增长;(2)朝鲜战争导致的军备开支也在某种程度上刺激了美国经济,尤其是工业的发展;(3)科技进步对于经济繁荣也起到了重要作用,技术发展使美国战后第一个十年工人的生产效率提高了 35%以上,电子计算机的开发则深刻影响和改变了美国人的生活;(4)"婴儿潮"从战后开始一直持续到 20 世纪 60 年代初,从而使美国社会的消费能力不断提高,经济发展后劲也十分充足;(5)城市郊区的快速发展对于汽车工业、住房建筑业等的繁荣具有重大的意义。参见黄安年:《当代美国的社会保障政策》,北京:中国社会科学出版社,1998 年,第 379—391 页;[美]威廉·本内特:《美国通史》(下),刘军等译,南昌:江西人民出版社,2009 年,第 327—344 页。
② 研究表明,美国历史上的两党合作往往发生在经济繁荣期。参见 Peter Trubowitz and Nicole Mellow, "Going Bipartisan: Politics by Other Means," *Political Science Quarterly*, Vol. 120, No. 3, 2005, pp. 433-454。

为美国政治发展史上一个极为困惑的时期,因为那个时候美国国内缺乏一种阶级分明的政治秩序。"①

社会阶级间差异的缩小以及利益冲突的弱化,致使美国的社会结构连同政治意识形态在此期间开始日益呈现出一种"中间化"的演化趋势。对此,美国社会学家丹尼尔·贝尔(Daniel Bell)甚至认为,意识形态在美国已经走向终结(the end of ideology)。② 这种社会现实反映到国内政治层面,便集中表现为国会参、众两院中的两党"温和派"势力开始逐渐占据政治主流(见图1),并且议员的"跨党派"式投票也逐步成为国内政治过程中的普遍行为模式。此外,伴随民主党及其当代自由主义理念的崛起,两党对等模式已经形成,因此任何国内政治倡议要想在国会两院通过,都需要两党间的相互妥协与合作。正是在上述一系列有利的时代条件,包括经济发展、政党重组、社会结构中间化以及意识形态淡化等的作用下,美国政党政治才得以在新政期间尤其是"二战"后形成一种"对等合作"模式,由此在很大程度上推动了当代自由主义政治、经济议程的落实和扩展。当然,"对等合作"以及当代自由主义得以发展的政治基础——新政联合体——本质上是美国南方和东北部政治力量相互妥协的结果。随着美国国内经济、社会形势的演变,尤其是20世纪60年代后凯恩斯主义政治、经济模式出现的问题,以及当代自由主义理念因民权运动等产生的过度伸展,这一政治联盟最终走向了瓦解,由此引发了美国新一轮政党重组以及国家发展理念的"回摆"。

---

① 参见 Walter Burnham, *Critical Elections and the Mainsprings of American Politics*, p. 304。
② Daniel Bell, *The End of Ideology: On the Exhaustion of Political Ideas in the Fifties*, New York: Free Press, 1960.

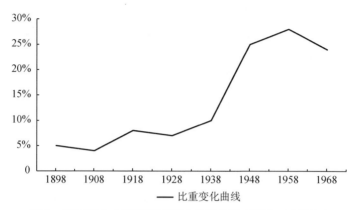

图1　美国国会中"温和派"所占比重变化(1898—1968年)

资料来源:Sarah Binder, "The Dynamics of Legislative Gridlock, 1947-1996," *American Political Science Review*, Vol. 93, No. 3, 1999, pp. 519-533.

(五) 金融资本主义阶段:新镀金时代、新自由主义与政党"对等极化"

20世纪60年代末70年代初,以越南战争、经济社会危机、新左派(New Left)的衰落以及"伟大社会"的破产为标志,美国陷入了"二战"后历史上罕见的内外交困境地,当代自由主义的国家治理模式因此由盛转衰。① 在此过程中,随着20世纪60年代末开启的政党重组使美国政治逐步过渡为以民主党为代表的东北部-太平洋沿岸与以共和党为代表的南方-中西部"对等极化"的格局,以及新自由主义政治经济理念对当代自由主义的"反叛",美国社会的分裂达到了史无前例的程度,进

---

① 新左派是20世纪60年代美国民权运动和反战运动中的青年激进分子,其反美国主义的基本立场招致了民众对于当代自由主义的反感和疑虑。参见周琪主编:《意识形态与美国外交》,第226页。

而逐步削弱了其政治民主赖以生存的土壤——市民社会。随着党派斗争、国家治理观念和经济、社会政策的分裂成为美国政党政治的主题,以及日益加剧的贫富分化致使美国的社会结构再一次趋于两极化,"新镀金时代"成为政治学者描述这一阶段美国政党政治的关键词,其实质是美国已经从国家资本主义阶段过渡到了金融资本主义阶段。具体而言,新镀金时代美国国内政治-社会的"对等极化"体现为以下三个方面。

第一,新镀金时代政治精英的"跨党派"投票模式逐渐被日趋严格的政党纪律所取代,政党极化以及由此伴随的政治僵局成为美国政治的常态。① 在20世纪60年代末开启的政党重组中,共和党实施"南方战略"的结果是,到2000年乔治·布什赢得竞选时,该党获得的选票基本上被锁定在美国政治版图上一个巨大的"L"型区域,即从蒙大拿州向南一直到亚利桑那州再折向北到佐治亚州。至此,新政时代东北部温和派共和党人(又被称为"洛克菲勒"共和党人)已经从党团(party caucus)中彻底消失,共和党因此变得越来越保守化。与此同时,国会中的民主党人则越来越多地集中于东北部与太平洋沿岸等更为自由化的地理区域。例如,曾经作为两党激烈竞争赛场的新英格兰地区,冷战后彻底成为民主党的票仓。此外,新政时代南方保守派民主党人则逐渐式微,民主党党团因而进一步向左靠拢。这一政党重组完全逆转了20世纪30年代到60年代美国国会各州选派的议员所具备的跨党派特征。基于此,国会在新

---

① Sean Theriault, "Party Polarization in the U. S. Congress: Member Replacement and Member Adaptation," *Party Politics*, Vol. 12, No. 4, 2006, pp. 483-503; Jeffrey Stonecash, Mark Brewer and Mack Mariani, *Diverging Parties: Social Change, Realignment, and Party Polarization*, Boulder: Westview, 2003.

镀金时代成为以党派划线的政治斗争的场所。

经济变迁导致的社会利益冲突是新镀金时代美国形成东北部-太平洋沿岸与南方-中西部"对等极化"格局的根源。在此期间,东北部的"去工业化"过程逐步终结了其作为美国人口和经济中心的地位,新兴产业、劳动力和资本开始涌向西部和南方的广大"阳光地带"。在这一背景下,民主、共和两党在新政时代进行合作与妥协的社会基础不复存在,分别代表上述两大区域及其社会联盟的政治精英在经济和社会政策上开始产生日益深化的分歧和冲突。结果是,意识形态的极化在政治过程中愈演愈烈:在新政时代,美国的两大政党内部都包含自由派和保守派,但经过这一轮政党重组后,两党都"净化"了各自的意识形态,自由派几乎都倒向了民主党,保守派则都投向了共和党。此外,新政时代社会结构的中间化使得美国社会中存在很大一部分中间选民(最多时约占全体选民的三分之一),而新镀金时代以来这一比例则逐渐下降至不足15%。[①]

除经济因素的根本作用外,美国政党政治中的"代际转化"(generational change)也弱化了政治中间主义的力量(见图2)。冷战后,成长于"二战"时代的政治精英正以越来越快的速度退出美国的政治舞台。例如,在新政时代的第90届美国国会(1967—1968年)两院中,有超过四分之三的议员曾在"二战"的军队中服役,而到第109届国会(2005—2006年)时,这一比例已下降至不足30%。[②] 同样令人印象深刻的是,第109届美国国会中超过90%的议员是在1988年后选举产生

[①] 周琪主编:《意识形态与美国外交》,第234页。
[②] Andrea Stone, "For a Few in Congress, War Is a Family Concern," *USA Today*, December 6, 2004.

的,他们完全没有新政时代党派合作的经历;相反,他们有的却是走向极化的意识形态和日益严格的政党纪律。①

图2 美国国会"温和派"力量的衰落(1970—2002年)

资料来源:Keith Poole and Howard Rosenthal,"Nominate Score Data", http://voteview.uh.edu/.

第二,新镀金时代美国的社会结构因人口和阶级剧烈分化而日趋两极化,因此演变成政治冲突的原因及其表征。一方面,新镀金时代美国人口的重大变化加剧了"蓝州"和"红州"相互冲突的利益诉求。在此期间,美国国内人口的迁移使其政治版图日益"巴尔干化"。按照人口学者威廉·弗雷(William Frey)的说法,冷战后美国已分裂成"两个美国"(two Americas)②:一个是作为广大外来移民目的地的、由多种族和多民族人口构成的东西海岸及五大湖区,它们成为自由化政策和民主党的支持者;另一个则指的是由中产阶级构成

---

① Norman Ornstein, Thomas Mann and Michael Maldin, *Vital Statistics on Congress, 2005-2006*, Washington, D. C.: Brookings, 2006.
② William Frey, "Metropolitan Magnets for Domestic and International Migration," Washington, D. C.: Brookings, October 2003.

的、以新兴产业为主体的南方和中西部小城镇区域,它们成为保守派共和党的国内社会基础。另一方面,新镀金时代社会贫富分化的日益严重也与政治的不断极化互为因果。对于大多数美国普通民众来说,新镀金时代以来工资性收入的增速落后于通货膨胀的速度,尤其是新自由主义浪潮及其经济金融化的趋势,更加导致美国少数精英和广大民众间的收入差距不断增大。① 例如,美联储2011年发布的《2007—2010年美国家庭财产变化报告》显示,2007年美国家庭财产净值的中位数为12.64万美元,而2010年下降到7.73万美元;扣除通货膨胀的因素,这一数据等同于1992年时的水平[②];然而,美国1%的最富有家庭占全民财富的百分比却由2007年的34.1%上升至2009年的37.1%。③ 在这一趋势之下,美国皮尤研究中心(Pew Research Center)于2015年底发布的一项题为"美国中产阶级的衰退"的报告显示,美国成年人的中等收入人群为1.208亿,低收入和高收入群体的总数则为1.213亿,中产阶级人数首次跌破成年人口总数的一半。④ 这就意味着,随着以中产阶级为主体的社会结构被日益侵蚀,美国的社会结构正趋于极化,因而代表不同社会利益的政治精英在政策选择上的妥协空间难免所剩无几。

---

① Larry M. Bartels, *Unequal Democracy: The Political Economy of the New Gilded Age*, chapter 1.
② "Changes in U. S. Family Finances from 2007 to 2010: Evidence from the Survey of Consumer Finances," *Federal Reserve Bulletin*, Vol. 98, No. 2, 2012, p. 17.
③ Annalyn Gensky, "How the Middle Class became Underclass," CNN, February 16, 2017, http://money.cnn.com/2011/02/16/news/economy/middle_class/index.html.
④ "The American Middle Class Is Losing Ground," Pew Research Center, December 9, 2015, http://www.pewsocialtrends.org/2015/12/09/the-american-middle-class-is-losing-ground/.

第三,新镀金时代"对等极化"的政治格局使得美国的经济政策与社会政策出现了分裂。① 在经济政策上,反映新自由主义理念的减税、平衡预算以及小政府观念等成为主流,一方面使得美国在 20 世纪 80 年代以后逐步扭转了凯恩斯主义经济学带来的一系列经济问题和发展困境,从而使其经济重新迸发出创新活力,并为 20 世纪 90 年代信息技术革命以及全球化的推进奠定了基础;但另一方面,这一经济发展模式也加剧了社会贫富分化和经济金融化趋势,从而成为 2008 年经济进而社会危机爆发的远因。在社会政策上,反映当代自由主义理念的"肯定性行动"、多元文化主义、政治正确以及多语教育等仍得到了高校、学术界和主流媒体的支持,因而美国政治以精英主义/消极自由与普遍主义/积极自由为特征的二元结构在新镀金时代"对等极化"的背景下,分别占据了经济和社会领域中的主流。

美国在 20 世纪七八十年代形成的新自由主义发展理念下积累的一系列深层次经济问题和社会矛盾,最终在 2008 年次贷危机及其引发的全球金融海啸中爆发了出来,然而美国政党政治在新镀金时代呈现出的"对等极化"结构却不仅没有被改变,反而进一步固化。这些问题、矛盾和政党政治结构特征反映出两个基本事实:一是新镀金时代的政治、经济和社会理念已经难以在美国占据全面主导地位;二是以 2016 年美国大选中最引人注目的"特朗普现象"以及美国政党政治一系列新特征和新趋势的出现为标志,美国经济的金融资本主义属性和新镀金时代的经济结构已无法成为美国政党政治走向的根本决

---

① 周琪主编:《意识形态与美国外交》,第 234 页。

定因素。

(六) 小结

从周期范式蕴含的内在假设和逻辑——"经济决定论"及其分析工具——"经济-阶级"变量与"经济-政治周期联动论"出发,本节按照美国资本主义经济发展所经历的四个主要阶段:自由资本主义、垄断资本主义、国家资本主义以及金融资本主义,对美国政党政治的历史演变脉络进行了较为详细的梳理,并在这一过程中按照周期范式的分析框架对历史进行了对应性的再阐释。以此为经验基础,我们可以进而扩展、总结出美国政党政治研究的周期范式的内涵、本质及其理论与实践意义。

二、美国政党政治研究的周期范式:内涵、本质及其理论与实践意义

回顾历史,周期范式较好地梳理出了一条与美国资本主义经济发展周期相对应的政党政治演化线索。在美国历史发展的自由资本主义、垄断资本主义、国家资本主义和金融资本主义四个主要经济周期内,美国政党政治分别呈现出了关键性选举/政党重组理论、历史钟摆模式和渐进改良主义所勾勒的相应图景,并且经济周期之间的转换——19世纪末、20世纪30年代和20世纪70年代——的确伴随着上述研究路径所强调的政治转折点,如1896年、1932年和1968年的关键性选举及其引发的政党重组,美国政党政治每隔30年左右从强调公共利益到伸张私人利益的历史钟摆,以及渐进改良主义表现出

的内在韧性与张力(从 19 世纪末古典自由主义的绝对主导到 20 世纪 30 年代当代自由主义的异军突起,再到 20 世纪 70 年代新自由主义的强势生成)。因此,我们有必要对周期范式的内涵、本质及其理论与实践意义进行探讨,从而为后文揭示其局限性奠定基础。

(一)内涵和本质

通过前文的论述可以发现,周期范式实际上包含了两个相互关联的重要学理假设:一是美国政党政治的历史演化遵循的是一种经济驱动型逻辑,即政治的重要转折根本上都是由经济的重大变迁决定的;二是美国政党政治在实践中的核心矛盾始终是经济-阶级矛盾,正是建立在经济-阶级矛盾基础上的政党格局变化和意识形态博弈持续推动着美国政党政治的演化。从上述学理假设进一步推导可见,由于美国资本主义经济的发展具有鲜明的周期特征,因此这就从根本上决定了美国政党政治的演化必然具备周期属性;同时,经济的周期性还使得美国国内经济-阶级矛盾的走向难以摆脱"周期定律",进而在实践中使得美国的政党格局变化和意识形态博弈成为一种此消彼长的周期性现象。

因此,美国政党政治研究的周期范式的内涵可以从本体论、认识论和方法论三个相互关联的逻辑层面进行总结和概括。首先,从本体论层面看,周期范式将美国政党政治的演变视为一种带有周期性特征的历史现象和现实趋势,这一方面表明了美国政党政治具有的能动性,另一方面也体现出这种能动性蕴含的规律性特征,即两党政治联盟和意识形态两个维度力量对比的此消彼长式变化带来了美国政党政治循环往复的周期性演进规律。其次,从认识论层面看,周期范式表现出显著的"经济决定论"思维,认为经济周期的存在及其不可避免的内在波动是美国政党政治周期形成和演变的决定性因素,美国政党-选民联盟的构建本质上建立在"经济-阶级"要素基础上。最后,从方法论层面看,周期范式主张在既有的体系和制度框架内通过选举和改良等所谓法治化、制度化手段来消化周期性的经济、社会危机对美国造成的冲击,通过政党政治的周期性新陈代谢来维护整个国家的稳定和发展。

就周期范式的本质而言,如果我们用更为宏观的历史和文化视野对美国进行进一步观察可以发现,经济逻辑驱动的美国政党政治演化有赖于两大特定的历史-社会条件,即美国国内自立国时起便形成的自由主义共识以及白人盎格鲁-撒克逊新教文化或"瓦斯普"文化的绝对主导地位。① 前文已对自由主义及其影响作了较为详细的论述,接下来笔者将对美国政治发展史上具有重要观念塑造作用的"瓦斯普"文化进行具体分析和论述。概言之,如果说自由主义强调的是个人主义,那么"瓦斯普"文化的本质就是白人精英主义,其服务于白人盎格鲁-撒克逊新教文化在美国政治、社会中的主导地位,并为此发展出了一套所谓"合众为一"的美国政治和历史叙事。美国历史学家赫伯特·巴斯(Herbert Bass)等认为,"没有对起源于基督教新教加尔文教派的美国清教的理解,就不可能真正理解美国社会"②。中国学者陈华则指出,清教思想至少在五个重要方

---

① "瓦斯普"文化的本质是一种白人精英主义,体现了传统的白人清(新)教徒在美国政治社会中的主导地位。参见[法]托克维尔:《论美国的民主》,董果良译,北京:商务印书馆,1989年,第408页。
② Herbert J. Bass, George A. Billias, and Emma Lapsansky, *Our American Heritage Morriston*, New Jersey: Silver Burdett Company, 1978, p.40.

面影响了美国的国家认同及其国民性的形成,即领导者意识、民主意识、敬业精神、开拓精神以及对教育的高度重视。① 具体而言,"瓦斯普"文化对美国政治和社会的深刻影响主要来源于其两大核心主张——契约说和预定论。

契约说包含了清教思想的核心内容,它源于上帝与亚当之约:上帝造人,允其幸福,人以服从天意为回报。然而,亚当后来因犯下原罪而毁约,人类因此苦海无边,世代忏悔,以赎其罪。另一方面,"因信得救说"又告诉人们,人可以通过上帝造物的安排来理解神意,争取获得解救。这就是"恩惠契约"(Covenant of Grace)。在清教主义看来,人类罪孽深重,呼吁其教徒反省自身的劣根性和堕落本能。这就意味着清教徒肩负着来自上帝的使命,要为人类做出榜样以引导其向上帝赎罪、获得拯救,最终作为全人类的领袖(其内涵包括使命意识、领导意识、天命意识和拯救意识)重建新的耶路撒冷和伊甸园。可以看出,上述理念构成了"瓦斯普"文化以及白人盎格鲁-撒克逊新教群体在美国政治、社会中占据主导地位的重要思想和价值观基础,意味着尽管美国政治、社会的发展以自由主义的个人主义为原则,但美国的政治、社会话语权归根到底掌握在这一少数精英群体手中。

清教思想的另一个重要主张是预定论。它指出上帝只能让一部分人成为选民而最终获得拯救,那么哪些人才能成为这部分"幸运儿"呢?清教思想家们继承了加尔文的思想理念,使教徒们深信只有富人才是上帝选民,是真正理解了神的旨意、获得解放的那一部分人。按照马克斯·韦伯(Max Weber)在

---

① 陈华:《清教思想与美国精神》,《四川师范大学学报(社会科学版)》2004年第4期。

其《新教伦理与资本主义精神》中的观点,"财富是上帝预定对他的顺民的赏赐"①。工商活动是上帝神圣的旨意,个人商业的成功就是上帝恩典的标志。因此,不追求财富的懒惰者是可耻之徒,在道义上将受到谴责。从字面上看,清教教义驱使着教徒们努力工作并保持节约和勤俭的品德。例如,美国学者詹姆斯·罗宾斯(James Robins)在其代表作《敬业》一书中就明确指出,"信仰上帝一样信仰职业,热爱生命一样热爱工作……劳动成了一种天职,是最善的,归根结底常常是获得恩宠确实性的唯一手段"②。从预定论的这一基本观念可以看出,所谓"上帝选民"本质上指的就是在美国社会中拥有财富的少数群体,即白人精英阶层,因而预定论同契约说一样,都是服务于白人盎格鲁-撒克逊新教群体在美国政治、社会中的主导地位的理念工具。

以上梳理表明,在自由主义信条和"瓦斯普"文化共同确定的以白人精英主义为底色、以个人主义为表现形式的所谓"合众为一"框架里,任何观念的交锋都是有限度和可预期的,无法超越"自由主义-瓦斯普"框定的范围,更无法对其构成挑战。因此,族裔、文化和意识形态等价值观因素都不可避免地被"经济化"了,所有观念层面的矛盾都可以被赋予相应的"经济-阶级"内涵。无论是意识形态的左右之争,还是20世纪六七十年代在族裔和文化价值观领域的平权运动,在美国政党政治的演化过程中都被纳入经济周期性逻辑下的经济-阶级矛盾之中,其实质是通过自由主义彰显的一系列个人主义价值尤其是不

---

① [德]马克斯·韦伯:《新教伦理与资本主义精神》,于晓、陈维纲译,北京:生活·读书·新知三联书店,1987年,第100页。
② [美]詹姆斯·罗宾斯:《敬业》,曼丽译,北京:世界图书出版公司,2004年,第140页。

同社会阶级之间经济利益的必要妥协和交换,来服务于白人盎格鲁-撒克逊精英主义的统治地位,这一点也鲜明地体现在美国自由主义传统中蕴含着的渐进改良主义方法论中,即在避免对现有的政治、经济和社会制度进行革命性颠覆的前提下进行周期性的调整与改革,从而维持国家发展的稳定性,并保障白人盎格鲁-撒克逊精英群体的既得优势地位。换言之,在美国历史上,多元化的意识形态和文化价值观作为独立的变量,在这一由"自由主义-瓦斯普"共同确立的共识性-主导性框架下,事实上一直处于被压制甚至消解的地位,无法在美国政党政治的演化过程中发挥自身应有的作用,更无法成为与主流意识形态和价值观分庭抗礼的力量。基于此,一言以蔽之,周期范式的本质就是在美国社会存在由"自由主义-瓦斯普"占据意识形态和价值观主导地位的共识前提下,将潜藏其下的各类多元主义意识形态和价值观进行过滤,进而将美国政党政治的演变逻辑简单化地归因于纯粹的经济逻辑。

然而,冷战结束特别是 2008 年金融危机以来美国政党政治的发展实践已经开始对这一共识框架构成日益严峻的挑战。从政治现象上看:一方面,政治意识形态极端化和碎片化发展趋势的愈演愈烈,正在冲破传统的自由主义共识;另一方面,多元文化主义、身份政治的兴起和族群矛盾的激化则让"瓦斯普"文化的主导性日趋弱化。① 在这一背景下,经济逻辑首要性所赖以存在的历史-社会条件已悄然生变,同时文化-身份矛盾在实践中正在超越传统的经济-阶级矛盾,成为推动美国政党政

---

① 身份政治指的是多元化社会群体依据各自的文化和价值观认同展开集体政治活动,从而在观念层面增加了美国社会结构的内在张力,引发了剧烈的社会分化。参见 Francis Fukuyama, *Identity: The Demand for Dignity and the Politics of Resentment*, New York: Farrar, Straus and Giroux, 2018。

治演变的首要矛盾。因此,美国政党政治研究只有走出周期桎梏,探索新的研究范式,才能有效回应并理解上述新的政党政治实践所带来的根本性逻辑变化。

(二) 理论与实践意义

在明确了美国政党政治研究的周期范式所具有的内涵及其本质后,本部分将对周期范式的理论与实践意义进行总结。从历史上看,周期范式所进行的多种探索对于美国政党政治研究至关重要,它们既帮助我们对历史有了更加全面、清晰和深刻的理解,也为我们把握美国政党政治正在经历的时代变局提供了最佳切入点和参照物。从理论层面看,周期范式的意义主要有:一是在对大量经验性事实进行总结的基础上探索出了美国政党政治历史演变的内在规律,二是在超越议题和政策分析维度的基础上发展出了探究美国政党政治演变逻辑的理论工具,三是抓住了历史上美国政党政治演变过程中的主要矛盾及其在不同历史阶段的表现形式。

第一,周期范式在对大量经验性事实进行总结的基础上探索出了美国政党政治历史演变的规律,从而帮助我们从纷繁复杂的历史和政治现象中找到了一条理解这一问题的主线。围绕美国政党政治演变的观察和分析不仅涉及对历史中长期发展进程的追踪,而且还涉及对大量实践中的政治活动的敏锐捕捉,因而如何将这些经验性事实进行分析、提炼并在此基础上发现其蕴含的内在逻辑,是一项艰巨的学术挑战。例如,美国的政治选举之频繁当属世界之最,其中仅每四年一次的总统大选在过去两百余年的时间里也举行了数十次,并且每次大选涉及的政治流程十分复杂,包括党内初选、政党全国代表大会提名以及两党竞选,竞选议题更是使人眼花缭乱,涵盖经济就业、社会文化和外交政策各个领域,来自民主、共和两个主要政党的候选人围绕这些流程和议题进行政治博弈并阐述自己的施政理念,给人以"混战"的感觉。在这一系列让人难以理出头绪的政治现象面前,周期范式创造性地提出了关键性选举/政党重组理论,将那些在美国政党政治演变过程中具有中长期、转折性重要影响的选举挖掘出来,这对于我们更有效地分析和整合历史、更深刻地理解和把握历史十分重要。在此基础上,周期范式还通过一系列基于政治学、历史学和哲学的研究视角发现了美国政党政治演变的内在规律,使得围绕这一问题的研究从经验性事实描述上升到了进行学理和逻辑分析的高度。

第二,周期范式发展出了探究美国政党政治演变逻辑的理论工具,使得美国政党政治研究成为一个真正的学术命题。由于美国的政党及其活动与选举、立法以及政策制定等日常政治实践存在紧密联系,因此强烈的现实意义往往是观察美国政党政治的首要动因。然而,如果没有有效的理论工具对这些实践进行分析和概括,那么对这一问题的理解将永远停留在"只见树木不见森林"的层面,无法透过琐碎的日常政治实践发现其深层逻辑与规律。从这个意义上讲,周期范式创造性地发展出了一套美国政党政治研究的理论工具,从而解决了这一问题,使得美国政党政治研究成为一个兼具理论性与实践性的学术命题。在此过程中,关键性选举/政党重组理论从选举和政党-选民联盟的视角对美国政党政治格局的演变进行了分类与阐释;历史钟摆模式则依据政治思潮的周期性、钟摆式变化对美国政党政治进行了动态的阶段性划分;渐进改良主义运用自由主义意识形态两种变体的内在张力及其方法论解释了美国政党政治呈现出周期性变化特征的原因。总之,上述三种研究路径从不同侧面提供了探究美国政党政治演变逻辑的理论工具,使得对该问题的研究超越了具体的议题和政策层面,具有了更深的理论积淀。

第三,周期范式抓住了历史上美国政党政治演变过程中的主要矛盾及其不同历史阶段的表现形式,从而以一种深刻却又不失简明的方式论证了其"经济决定论"与"经济-政治周期联动论"的有效性。周期范式认为,推动美国政党政治演变的关键变量是"经济-阶级"矛盾,进而以此为切入点和划分标准阐释了各个历史时期决定美国国内政党政治格局及其相互博弈的主要矛盾,构建起一种经济驱动型的美国政党政治研究框架。在自由资本主义时期,由于美国经济内在的结构性问题尚未出现、社会阶级分化尚未显著,因此这一阶段处于现代政党政治的萌芽期。在垄断资本主义时期,由于美国经济内在的深层次结构性问题——尤其是古典自由主义导致的资本无序扩张和寡头经济盛行——开始日益显著地呈现出来,并由此加剧了社会不同阶级之间的分化,引发了越来越严重的贫富差距问题,因而这一点成为推动该阶段美国政党政治演变的主要矛盾。相应地,美国的政党政治走向了极化——代表社会既得利益群体的共和党与代表社会中下层的民主党形成了尖锐对立的意识形态和政策主张,并且由于前者拥有的巨大政治优势,这种极化处于一种非对等的状态。在国家资本主义时期,美国国内的主要矛盾仍然是"经济-阶级"矛盾,只不过由于其发展初期较好地解决了前一阶段遗留的历史问题,因而这种矛盾暂时得以被抑制。然而,这一发展模式到其中后期同样引发了基于"经济-阶级"矛盾的一系列具体问题,只不过其表现形式不再是资本无序扩张、市场失灵和贫富差距扩大,而是财政赤字规模攀升、福利国家过度扩张和通货膨胀加剧等问题引发的社会不满。因此,这一变化的曲线反映到政党政治层面,便是美国民主、共和两党从合作逐渐走向对抗。此后,金融资本主义阶段的到来则导致美国的"经济-阶级"矛盾再次体现为产业结构的持续失衡和社会贫富差距的不断扩大,因而两党结构的极化趋势再度回归,并且由于民主党在新政时代的发展壮大,这种极化结构呈现出一种对等的状态。上述总结表明,周期范式对于美国政党政治在不同发展阶段的主要矛盾的把握十分清楚和准确。

从实践层面看,在上述三方面理论意义的基础上,周期范式则帮助我们厘清了美国政党政治博弈在不同历史阶段所形成的主流政策导向,厘清了两党力量对比和理念差异的结构性、程度性变化及其引发的双方互动模式的调整,还厘清了政党-选民联盟的动态演进,从而使美国政党政治的演变以一种更加生动和清晰的方式呈现了出来。

首先,周期范式厘清了美国政党政治博弈在不同历史阶段形成的政策导向这一实践中的核心问题。在对美国政党政治实践的观察过程中,民主、共和两党之间的博弈及其导向的政策结果是最应受到关注的,因为任何一个社会科学研究问题的实践意义一般等同于其政策价值。在这一问题上,周期范式提供了有效的分析框架和工具。在自由资本主义阶段,古典自由主义的自由放任政策拥有高度的国内政治共识,因而这一阶段美国的政党政治博弈属于"正和博弈"的性质。在垄断资本主义阶段,经济结构的失衡、贫富差距的增大和"经济-阶级"矛盾的突显使得两党的政策博弈呈现出高度"零和博弈"的特征,但由于共和党凭借其政治优势掌握了政策制定的主动权,因此美国依然沿着古典自由主义的自由放任政策道路狂飙突进,最终酿成了"大萧条"的悲剧。① 在国家资本主义阶段,古典自由主义的破产使得当代自由主义的大政府理念和福利国家构想等一系列以平等而非自由为根本取向的政策理念与改革目标成为主流共识,因此两党在这一时期总体上处于"正和博弈"状态,"新边疆"和"伟大社会"等充满当代自由主义色彩的政策倡议成为美国在这一"光荣与梦想"的年代经济、社会发展的主题。② 然而,随着基于凯恩斯主义经济学的国家资本主义政策模式在20世纪70年代以后遭遇越来越大的困境,一种回归小政府、放松金融监管和重振市场作用的政策导向随着"里根革命"的出现而回归,共和党借势推动了一系列基于新自由主义理念的经济改革政策,使得民主、共和两党重回"零和博弈"的状态,并且由于"对等极化"的政党政治结构的形成,这种"零和博弈"在整个新镀金时代表现得十分剧烈。

其次,周期范式厘清了美国政党政治演变过程中民主、共和两党力量对比和理念差异的结构性、程度性变化以及由此导致的双方互动模式的差异,因而使之具有重要的实践意义与价值。美国两党的力量对比度和理念差异度是理解美国政党政治实践的两个主要维度,分别从物质和观念两个层面反映出美国政党政治的动态变化。就力量对比度而言,周期范式认为美国的政党政治结构可以分为失衡-非对等和均衡-对等两种模

---

① 对美国不同历史时期两党政治博弈性质的具体分析,参见王浩:《权力、政治、结构:重释美国大战略的演化逻辑与历史周期》,《国际关系研究》2023年第1期。
② 参见[美]威廉·曼彻斯特:《光荣与梦想:1932—1972年美国社会实录》,朱协译,海口:海南出版社,2006年。

式。就理念差异度而言,周期范式认为美国的政党政治结构可以分为极化和协商两种模式。基于此,上述两个维度最终导向了四种不同的政党互动模式:非对等极化、对等极化、非对等协商和对等协商(见表1)。除了非对等协商以外,其他三种政党互动模式在美国政党政治演变的历史上都曾长时间出现过,如垄断资本主义阶段形成的非对等极化模式、国家资本主义阶段形成的对等协商模式以及金融资本主义阶段形成的对等极化模式。

表1 美国政党政治格局的四种形态

理念差异	力量对比	
	失衡	均衡
大	非对等极化	对等极化
小	非对等协商	对等协商

最后,周期范式厘清了美国政党-选民联盟在不同历史阶段的动态演进规律及其逻辑,从而为把握美国政党政治实践中包括选举和联盟构建(coalition building)在内的重大议题提供了有效的分析框架。周期范式以理性选择主义尤其是选民的经济理性和政党的政治理性为假设,探讨了在选举尤其是历史上的关键性选举过程中出现的政党-选民联盟的构建及重组问题,从而为美国政党政治演变逻辑的研究奠定了基础。1896年的关键性选举形成了共和党与美国东北部-西部选民联盟的结合以及民主党与美国南方选民联盟的结合这一基本格局,其内在逻辑在于双方对自由放任的经济政策的不同态度以及在贸易政策上的差异化立场。在此期间,东北部-西部联盟主张在国内推行基于古典自由主义的经济政策,同时在贸易

政策上奉行保护主义；南方联盟则与之相反，主张在国内强化政府在调节市场方面的作用，维护社会弱势群体的利益，同时在贸易政策上奉行自由主义。1932年的关键性选举形成了民主党与美国东北部（城市）-南方选民联盟的结合以及共和党与美国东北部（郊区）-西部选民联盟的结合这一基本格局，其内在逻辑在于前者成为当代自由主义、罗斯福新政与自由国际主义外交政策的坚定支持者，后者则在上述三方面持怀疑甚至抵触的态度。1968年的关键性选举及其后共和党的"南方战略"则逐步推动形成了共和党及其所代表的南方-中西部选民联盟与民主党及其所代表的东北部-西海岸选民联盟之间势均力敌、分庭抗礼的政治格局，双方在包括经济、社会文化以及外交政策等在内的各个领域都形成了差异化的利益诉求和政策偏好。由此可见，周期范式为美国政党政治实践中政党-选民联盟主要由经济理性决定的政治理性的动态演进及其力量对比变化提供了较有说服力的阐释框架。

三、美国政党政治大变局与周期范式的失灵

周期范式的内涵、本质及其一整套学理假设与分析工具对美国政党政治历史演变逻辑的提炼和把握产生了深远的学术和政策影响。然而，冷战结束以来尤其是后金融危机时代的实践已经表明，美国政党政治的演化不再由单纯的经济逻辑驱动，因为无论是2008年由次贷危机而引发的金融海啸，还是2020年由新冠疫情而带来的经济、社会危机，都没有带来美国政党政治在周期范式意义上的转型与重塑，美国政党政治的既有结构反而在某种程度上被进一步固化了。与之相应，经济-

阶级矛盾不再是推动美国政党政治发展演变的首要矛盾，否则"特朗普现象"的兴起与共和党-白人蓝领选民这一"跨阶级联盟"的形成及发展便难以想象。基于此，笔者认为，周期范式赖以有效运转的学理假设已经被美国政党政治的最新实践所证伪。本节将分别以奥巴马、特朗普和拜登政府执政期间美国政党政治开始酝酿和经历的大变局作为分析案例，探讨周期范式的失灵在实践中的主要表现，从而为下一章进行研究范式的创新奠定基础。

（一）2008年金融危机与"奥巴马联盟"的内在张力

按照周期范式的基本逻辑，2008年金融危机及其对美国经济、社会发展造成的巨大冲击应该带来美国政党政治在周期意义上的显著变化，这一判断可以从三个维度来理解。首先，从"经济决定论"和"经济-政治周期联动论"的假设出发并结合"经济-阶级"变量的首要性，2008年金融危机意味着肇始于20世纪七八十年代的新自由主义的破产和美国社会不同阶级之间长期持续积累矛盾的爆发，这将给民主党和奥巴马带来政治联盟的巨大增量，从而引发关键性选举和政党重组，彻底打破上一轮政党政治周期内民主、共和两党"对等极化"的结构。其次，按照历史钟摆模式的经验总结，2008年大选已经走到了美国政党政治思潮从私人利益导向朝着公共利益导向回摆的关键节点，并且这次大选距离1968年大选已经40年，事实上超过了历史钟摆模式下30—36年为一个政党政治周期的规律。最后，自由主义蕴含的渐进改良主义方法论认为美国政党政治的周期性演化是由周期性的经济、社会危机推动的，政党政治格局的重塑与新的政治共识的形成有助于消化既有的经济、社会矛盾,因此 2008 年金融危机势必推动过去三十多年形成的政党政治格局出现重大变化,并在此基础上使美国国内再度形成基于当代自由主义的共识。

然而事实上,2008 年美国大选并未成为一次关键性选举,有利于民主党的政党重组也没有在此次大选后出现。不仅如此,"奥巴马联盟"虽然取得了大选的胜利,但却存在日益明显的内在张力,从而给民主党多数联盟的构建目标带来巨大隐忧,这一隐忧最终削弱了民主党的国内政治基础。在 2008 年大选中,奥巴马以变革为口号,以缓解金融危机所加剧的美国社会不同阶级,尤其是中产阶级及以下群体与以华尔街为代表的金融产业资本精英之间的矛盾,致力于在重新整合民主党内政治力量的基础上壮大民主党的国内政治联盟。总的来看,"奥巴马联盟"打造了包括非洲裔、拉美裔、东西海岸白领、年轻人和少数群体以及白人蓝领阶级在内的广泛政治联盟,从而锁定了大选优势和胜局。① 但通过对"奥巴马联盟"的观察可以发现,尽管这一联盟呈现出了不少有别于以往的特征,但它本质上仍然是 20 世纪 30 年代的"罗斯福新政"尤其是 20 世纪 60 年代民权运动以后形成的民主党政治联盟的延续,而非政党重组的出现,原因在于这一联盟并未打破既有的政党-选民联盟格局,也没有催生出新的政治社会共识。

具体而言,从变化的角度看,"奥巴马联盟"相较于传统的民主党政治联盟呈现出两方面的结构性变化。一方面联盟内部不同选民群体的占比出现了此消彼长式的中长期变

---

① 强舸:《"奥巴马选民"VS"特朗普选民":关键性选举与美国政党选民联盟重组》,《复旦学报(社会科学版)》2018 年第 1 期。

化,其中少数族裔已经超越传统的白人蓝领阶层成为民主党的最大票仓,并且少数群体的行动力和影响力出现大幅提升——在这方面,2015年美国最高法院通过了同性婚姻合法化的裁定就是一个典型案例。另一方面少数族裔和少数群体对民主党的政治忠诚度显著增强,白人蓝领选民对民主党的政党认同度则在不断削弱。相应地,历史上民主党占有优势的经济、就业和劳工等议题逐渐被身份政治等价值观议题所取代。

尽管"奥巴马联盟"以较大的政治优势先后赢得了2008年和2012年大选,但民主党不仅未能成功推动有利于自身的政党政治周期的到来,反而逐步暴露出其联盟内部管理的问题。一是无论从关键性选举/政党重组理论、历史钟摆模式还是渐进改良主义的视角看,奥巴马政府执政期间的美国政党政治都没有实现周期范式意义上的转换。2008年金融危机背景下的大选帮助民主党获得了执政地位和改变20世纪七八十年代以后形成的新自由主义路线的机会,但民主党却没有能够通过这次大选重塑美国的选举政治版图,没有能够实现政党-选民联盟的变换和重组,因此其重构国内围绕当代自由主义政治共识的目标也无法实现。尽管奥巴马政府在推动美国走出金融危机冲击的过程中显著强化了政府的作用并艰难通过了"奥巴马医改"法案,但民主党政治联盟并未因此得以获取相对于共和党政治联盟的比较优势,两党总体上依然处于"对等极化"的博弈模式中。显然,这一结果与周期范式对于美国政党政治演变逻辑的理解存在较大的出入。

二是"奥巴马联盟"不仅未能利用2008年金融危机实现有利于民主党的政党政治周期的到来,而且其内部反而开始面临日益棘手的问题和挑战,其中的核心是如何吸引白人蓝领阶层继续留在民主党政治联盟内部,并且这一问题和挑战并非周期范式及其"经济决定论"可以阐释,而是更多地涉及文化-身份等认同问题。冷战结束后,即便出现了人口规模逐步下降的趋势,白人蓝领阶层仍然是民主党的第二大选民群体,但民主党通过传统的扶助工会、支持集体谈判以及出台劳工法令等方式已经难以回应这一群体的诉求,原因在于全球化带来的观念冲突和文化战争在很大程度上让上述努力失去了意义。面对这一问题,奥巴马政府高度重视并制定了相应的政策,但遗憾的是,这些政策并未抓住问题的本质,依然停留在试图运用经济政策杠杆挽回白人蓝领阶层在文化和价值观层面对民主党的疏远和背离,并且其政策本身也面临一系列结构性的内外局限。例如,奥巴马政府最早提出了"把工作带回美国"和"振兴制造业"等主张,但未能收到政策实效,主要原因在于上文提到的少数族裔和少数群体等全球主义力量日益成为民主党的最大政治基础,而他们以全球化为导向的价值观同白人蓝领阶层这一传统政治力量开始存在越来越大的观念性张力。在这一背景下,奥巴马政府在移民等问题上拥抱全球主义的政策(如更为激进的移民改革理念)及力推"跨太平洋伙伴关系"(TPP)的做法彻底背弃了白人蓝领阶层的价值观及具体利益,从而使得这一群体对民主党的疏离日趋显著。

从更大的历史纵深来看,实际上白人蓝领阶层对于民主党的疏远并非一种十分晚近的现象。① 自 20 世纪 80 年代以来,

---

① 王浩:《"特朗普现象"与美国政治变迁的逻辑及趋势》,《复旦学报(社会科学版)》2017 年第 6 期。

很大程度上基于文化-身份原因,白人作为一个整体对于民主党的认同度便呈现出不断下降的趋势,其中高收入白人对民主党的认同度从1980年起一直低于共和党,而中低收入白人(政治学定义的白人蓝领阶层)对民主党的认同度(相对于共和党)则由1980年的+20%骤降至2004年的+5%。① 因此,早在2004年美国政治学者托马斯·弗兰克(Thomas Frank)出版《堪萨斯怎么了? 保守主义者如何赢得美国心》一书时,关于"白人蓝领阶层抛弃民主党了吗"的问题便已成为美国政党政治的热点话题。②

结合20世纪80年代以来美国政党政治的演变趋势,我们可以判断:自新镀金时代起,白人蓝领阶层对于民主党的疏离先是由于其中基于种族主义和传统价值观的文化保守主义者(主要集中在美国南方)瓦解了20世纪30年代由罗斯福总统缔造的"新政联合体",使得美国的南方彻底倒向了共和党;此后,由于经济、就业特别是移民、族裔等文化战争议题,南方地区以外的白人蓝领阶层作为身处全球化和自由市场体系中失意一端的人群,则开始日益反对激进的民主党及其所代表的东西海岸全球化精英和外来移民。基于此,美国政治学家拉里·巴特尔斯(Larry Bartels)在研究中惊讶地发现,虽然共和党及其施政理念在新镀金时代美国不断恶化的经济不平等中扮演了最为重要的角色,而民主党治下的美国则一直致力于通过强化政治平等来弱化经济不平等,但共和党却在白人蓝领阶层中取

---

① Larry M. Bartels, *Unequal Democracy: The Political Economy of the New Gilded Age*, p.112.
② Thomas Frank, *What's the Matter with Kansas? How Conservatives Won the Heart of America*, New York: Henry Holt and Company, 2004.

得了越来越明显的成功。① 因此如果采用历史视角观察则不难发现,白人蓝领阶层对于民主党的疏远只不过是新镀金时代以来美国政党政治发展总体趋势的延续,而并非一种政治的"突变"现象,并且推动这种长期趋势性转变的力量并非"经济-阶级"矛盾而是"文化-身份"矛盾,这就表明周期范式内含的"经济决定论"以及"经济-政治周期联动论"在解释"奥巴马联盟"的逻辑及其挑战时存在固有的缺陷,也表明经济-阶级要素不再是推动美国政党-选民联盟分化、重组的唯一甚至首要变量,其重要性正在经历显著的相对下降态势。

(二)"特朗普联盟"的形成及其与周期范式的背离

"我们于四年前开启的这段令人难以置信的旅程还远远没有结束……我们将会取得最终胜利!"②2021 年 2 月 28 日,在美国佛罗里达州奥兰多市召开的共和党保守派政治行动大会(The Conservative Action Conference,CPAC)闭幕式上,刚刚卸任的美国前总统特朗普在观众的簇拥和欢呼声中以此为开场白发表了一篇长达 90 分钟的演讲。在演讲中,特朗普不仅对拜登政府的一系列内政、外交政策(尤其是移民和边境政策)进行了全方位抨击,而且再次强调 2020 年大选存在"选举欺诈",还誓言要帮助共和党人在 2022 年的国会中期选举中夺回参、众两院的多数席位,同时还暗示自己可能会参加 2024 年的总统大选。按照《纽约时报》的说法,此次大会表明,特朗普

---

① Larry M. Bartels, *Unequal Democracy: The Political Economy of the New Gilded Age*, chapter 1.
② "Former President Trump Addresses CPAC," C-SPAN, February 28, 2021, https://www.c-span.org/video/?509084-1/president-trump-addresses-cpac.

仍然是共和党内的核心人物,共和党在很大程度上依然是"特朗普的政党"①。无独有偶,CPAC 的非正式民调也显示,有近六成的受访者表示会支持特朗普参加 2024 年大选,超过 90% 的受访者希望共和党继续执行特朗普的议程和政策。②

与特朗普在 CPAC 上所表现出的共和党内政治影响力和号召力相呼应,2020 年大选结束后不久,其部分极端支持者便在首都华盛顿上演了一出"占领国会山"的政治闹剧。他们不仅拒不承认大选结果的合法性,还妄图通过暴力方式改变这一结果。追根溯源,早在大选前,特朗普便围绕 2020 年大选中因新冠疫情而导致的邮寄投票问题大做文章,质疑其合法性。大选后,特朗普在主要摇摆州频频展开法律战攻势并拒绝开启权力过渡的进程,使得美国的选举制度和政治民主遇到严峻挑战。在这一过程中,特朗普一再利用社交媒体等方式在其支持者中进行广泛政治动员,反复渲染部分国内选民对于选举结果的不满情绪,不仅使自身成为"占领国会山"事件的间接幕后推手,而且造成了美国政党政治对立进一步加剧、政治生态更趋恶化的局面。

自特朗普在 2016 年美国总统大选中出人意料地异军突起并入主白宫后,其一系列超越既有传统,甚至颇为离经叛道的政治主张、动员方式和施政风格便给美国带来了一次不小的"政治地震",并最终演化为一场持久的"政治革命"。在政治主

---

① Lisa Lerer,"CPAC and the New Republicanism," *The New York Times*, February 28, 2021, https://www.nytimes.com/2021/02/27/us/politics/cpac-trump-republicans.html.
② 参见"特朗普暗示或将再度参选总统,共和党依旧是'特朗普党'?"*VOA Chinese*,2021 年 3 月 1 日,https://www.voachinese.com/a/cpac-shows-the-gop-is-still-the-party-of-trump-20210228/5796665.html.

张方面,他早在竞选期间便旗帜鲜明地表示要"抽干华盛顿的泥沼",将权力交还给人民①;提出"美国优先",反对自由贸易,以回应在全球化进程中利益受损的白人蓝领阶层的诉求;反对非法移民,在就任后不仅迅速发布了"禁穆令",还在美墨边境筑墙;反对多元文化主义和政治正确原则,主张维护白人主体性,由此与共和党传统的保守主义理念大相径庭。在政治动员方式上,他打破了精英与大众间的传统政治界限,通过社交媒体等渠道与支持者直接对话,甚至采用"推特治国"的方式在选民群体中进行动员。在施政风格上,他大搞"权力小圈子"和"行政令治国",以忠诚度而非专业性选拔任用行政官员,从而在实践中进一步加剧了一些内政外交政策的偏激性甚至极端化。特朗普从2016年竞选总统期间到整个执政过程中的上述政治主张、动员方式和施政风格,在政治实践中构成了理解何为"特朗普现象"的关键要素。基于这些要素,笔者认为,特朗普及其政治联盟在美国政党政治中的崛起背离了周期范式强调的"经济决定论"和"经济-阶级"矛盾的首要作用,将以"文化-身份"要素为代表的认同问题带到了美国政党政治博弈的中心,因而周期范式在解释"特朗普联盟"何以构建的问题上同样失灵。"特朗普联盟"的主要内涵及其逻辑可以总结为以下三点:一是鲜明的民粹主义/反建制主义取向,二是强烈的本土主义色彩,三是隐晦的种族主义/白人至上主义理念。

首先,"特朗普联盟"将民粹主义(populism)前所未有地带到了美国政党政治舞台的中央。尽管自立国时起,美国国内的

---

① "抽干华盛顿的泥沼"意指反对美国政治中的官僚主义和既得利益集团。参见"Inaugural address: Trump's full speech," CNN Politics, January 20, 2017, https://edition.cnn.com/2017/01/20/politics/trump-inaugural-address。

民粹主义思潮及其运动便呈现出偶发特征,但 2016 年以来由特朗普所发动和领导的这一轮民粹主义运动不仅在美国国内产生了重要影响,还外溢到整个西方发达资本主义世界,形成了一股全球范围的民粹潮流。① 虽然国内外学界对于民粹主义的学术定义一直以来都存在争议,不过为观察家所普遍接受的一种概念是平民主义对精英主义的反叛及其取得的压倒性胜利。② 这一概念主要强调了两个方面:一是"精英"与"民众"的对立,二是"我们"与"他者"的分野。③ 在特朗普及其支持者看来,当前美国国内的"精英"和"他者"指的就是华盛顿的"腐败政客"、全球化的既得利益者以及垄断了社会话语权的主流媒体。因此,特朗普所引领的这场民粹主义运动直接针对的就是这些可以被笼统地称为"建制派"(establishment)的美国国内精英群体,"反建制主义"随之成为本轮民粹主义运动的代名词。

具体而言,由"特朗普联盟"催生出的民粹主义/反建制主义运动在政治实践中主要表现在两个方面。一方面,特朗普在就任伊始即集中火力抨击华盛顿的建制派政治精英,表明美国国内一系列问题和矛盾的解决不能依靠"体制内"精英主导的改革路径,而必须从"外围"切入,打破既有的权力格局。这就使特朗普作为政治"圈外人"的底色在其任内始终挥之不去,进而导致他大肆任用家族成员和身边亲信参与决策的"权力小圈

---

① Albert Martinelli, ed., *Populism on the Rise, Democracies under Challenge?* ISPI Report, October 2016.
② 刘瑜:《民粹与民主:论美国政治中的民粹主义》,《探索与争鸣》2016 年第 10 期。
③ 王聪悦:《美国民粹主义:历史演进、文化根基与现实嬗变》,《当代世界与社会主义》2021 年第 2 期。

子"的形成成为一种必然。① 这一现象造成的结果是,特朗普政府诸多内政、外交政策的制定不仅始终游离于共和党主流精英共识之外,而且往往使其"身处华盛顿、反对华盛顿",即需要通过逆反而实现自身的领导力②;同时,凭借总统享有的权力优势及其民粹主义/反建制主义取向所拥有的国内政治基础,特朗普重塑了美国联邦政府的权力结构和政治生态,出现了共和党的"特朗普化"现象,即共和党内反建制主义力量的影响日益上升,主流建制派的地位则相对下降。

另一方面,特朗普运用社交媒体对自身国内政治基本盘进行持续动员的特有方式,成为本轮民粹主义/反建制主义运动的最直接体现。在实践中,社交媒体赋予特朗普独立于主流媒体之外的强大话语权和操控力,可以将政治竞选"永续化",跳出华盛顿的桎梏,以"上帝视角"对选民群体进行直接控制,以此反过来对党内建制派形成了间接压制。当然,这种民粹主义/反建制主义的实践走到极端,也造成了"冲击国会山"事件的严重后果,导致主导社交媒体的网络资本随后与特朗普分道扬镳。

其次,"特朗普联盟"自第二次世界大战结束以来再次唤醒了美国国内的本土主义(nativism)思潮,以反全球化、反自由贸易和反移民为纲领重塑了美国的内政、外交政策。早在2016年美国总统大选期间,特朗普便成功地运用一系列具有强烈本土主义色彩的竞选口号,如"美国优先""让美国再次伟大"和"购买美国货、雇佣美国人"等作为其进行政治动员的有力武器,获取了美国五大湖区制造业和白人蓝领阶层聚集的"铁锈

---

① Ashley Parker, "The Permanent Outsider," *The Washington Post*, August 21, 2020.
② 刁大明:《美国政治的"特朗普化"及其影响》,《探索与争鸣》2021年第2期。

地带"这一反全球化力量的政治支持,成为其入主白宫的关键。"二战"结束后,随着美国成为全球超级大国和所谓"自由世界"的领袖,自由国际主义——包括自由贸易、多边主义和海外干预——始终是美国对外政策的指导原则。① 冷战后,随着美苏两极格局的终结,美国更是成为全球化进程的引领者。然而,"特朗普现象"的出现在很大程度上终结了半个多世纪以来美国国内以全球主义为主导的价值取向,使得"如何应对全球化"成为民主、共和两党竞争和博弈的重要内容之一。这就表明,在近年来美国内政和外交之间的关联越来越密切的背景下,二者的界限变得日趋模糊,国内政治的"外部化"特征愈发显著。②

在实践中,本土主义主要表现为:一是经济政策领域的贸易保护主义与国内再工业化,二是社会政策领域对移民尤其是非法移民的反对和抵制。特朗普早在竞选期间便反复宣称要对美国的主要贸易伙伴加征关税以改变对美国"不公平"的贸易实践。就任总统后,特朗普先后发动了大规模的对华"贸易战",向欧盟加征数十亿美元的关税,同时还挑起与日本、韩国等盟友的贸易争端,可谓"四面出击"。与此同时,特朗普还不惜动用行政手段重振美国的制造业,向苹果等美国跨国企业巨头施压,以推动其海外生产线迁回本土。特朗普的本土主义政策议程还表现在处理移民问题时态度十分强硬,其就任第一周即发布针对七国公民的"禁穆令",并在之后将赴美旅行禁令的范围进一步扩大到 11 个国家。此外,特朗普还以总统行政令的方式推行针对边境非法移民的"骨肉分离政策",在美国国内

---

① 王浩:《社会联盟与美国对外战略演化的逻辑(1945—2015)》,《世界经济与政治》2016 年第 7 期。
② 王浩:《美国政治的演化逻辑与内在悖论》,《世界经济与政治》2017 年第 8 期。

引发巨大争议。尽管在联邦法院叫停的压力下,特朗普政府暂缓了该项政策,但移民问题的爆发本质上无疑反映出本土主义思潮在美国的强势复起。

最后,"特朗普联盟"的兴起还导致种族主义,尤其是白人至上主义(white supremacy)思潮及其引发的族群-文化冲突成为美国政党政治的主要议题。种族问题一直以来都是美国政治、社会的固有顽疾,但从20世纪60年代轰轰烈烈的民权运动和"反文化运动"(counter-culture movement)开始,维护处于社会弱势群体地位的少数族裔的政治、社会权利的观念逐步上升为一种"政治正确",尤其是20世纪70年代以后美国国内"肯定性行动"(affirmative action)的迅速推进,进一步加速了这一观念的发展。① 冷战后,全球化进程的深入推进与外来移民的进一步增多在实践中形成了与"政治正确"紧密相关的另一个政治、社会理念——身份政治,即前文提到的社会群体依据自身文化和价值观认同展开集体政治活动,从而在观念层面增加了美国社会结构的内在张力,引发了十分剧烈的社会分化。在这一背景下,居于传统主体地位的白人在族群-文化因素推动下逐步打破了过去的经济-阶级藩篱,使得种族主义尤其是其中的白人至上主义思潮成为这一群体,特别是保守派联合一致支持特朗普的主要动力。②

在实践中,尽管特朗普公开否认自己是一名种族主义者,但其早在2016年竞选总统期间便将反对"政治正确"作为核心主张之一,并且在多个场合发表过对于少数族裔和外来移民的

---

① 对"肯定性行动"更为具体的探讨,参见本书第三章第一节。
② 王浩:《"特朗普现象"与美国政治变迁的逻辑及趋势》,《复旦学报(社会科学版)》2017年第6期。

负面评论。① 特朗普的成功当选,进一步推动了白人至上主义从"政治正确"的桎梏中解放出来,白人至上主义者进而在言行方面变得越来越大胆和激进,白人至上主义随之成为一股社会运动席卷全美,其具体表现在三个方面。一是白人至上主义的支持者数量持续增加,并向共和党内不断渗透和发展。据美国媒体报道,白人至上主义已得到越来越多白人中下层群体的支持,其中不乏普通技术工人等蓝领群体。② 同时,共和党内的基督教保守派群体也有越来越多的人加入其中。③ 二是白人至上主义相关组织在政治上更趋活跃和激进。据美国媒体统计,2020 年美国国内出现的白人至上主义宣传活动多达 5 125 起,其中大多通过实体传单、贴纸、横幅和海报等方式进行散播,内容包括种族主义、反犹主义和反少数群体等信息,这一数字几乎是 2019 年的两倍。④ 三是白人至上主义引发的各类种族冲突数量增多,烈度加剧。仅在 2018 年,美国白人至上主义者就制造了多达 39 起谋杀案。⑤ 众所周知的夏洛茨维尔事件与弗洛伊德事件,无不反映出在这股思潮的影响下美国种族矛盾的进一步紧张和升级。

从以上梳理可以看出,"特朗普联盟"的构建和兴起植根于

---

① 李庆四、翟迈云:《特朗普时代美国"白人至上主义"的泛起》,《美国研究》2019 年第 5 期。
② CBS, "Who Are the Members of White Supremacist Groups in America?" August 15, 2017, https://www.cbsnews.com/news/people-behind-white-supremacist-groups-america/.
③ Anna Schecter, "White Nationalist Leader Is Plotting to Take over the GOP," October 17, 2018, https://www.nbcnews.com/politics/immigration/white-nationalist-leader/plotting-take-over-gop-n920826.
④ 外媒:报告称去年美国"白人至上主义"宣传活动异常活跃,搜狐网,2021 年 3 月 17 日,https://www.sohu.com/a/456071966_114911。
⑤ Anti-Defemination League (ADL), "Murder and Extremism in the United States in 2018," January 2019, https://www.adl.org/media/12480/download.

民粹主义/反建制主义、本土主义以及种族主义/白人至上主义等建立在文化-身份要素基础上的认同逻辑，打破了以经济-阶级要素界定政党-选民联盟的固有思维定式和实践路径，使得周期范式及其"经济决定论"视角不足以阐释 2016 年美国大选后由特朗普发起的这场政治、社会革命的实质。

（三）拜登的中间主义路线为何难以凝聚共识？

拜登政府执政以来，力图弥合特朗普政府时期加剧的美国民主、共和两党政治分歧与国内社会裂痕，强调要做"全体美国人的总统"，并呼吁民众团结起来以走出由新冠疫情引发的一系列经济、社会困境。① 从政治上看，拜登政府最根本的执政目标在于重建前文多次提及的肇始于罗斯福新政时期以美国国内中产阶级为主体的民主党"新政联合体"和重振"政治中间主义"（political centrism）的主流地位，从而凝聚广泛的政治社会共识，创造有利于民主党及其经济、社会改革的国内环境。② 为此，拜登政府制定了"经济优先"的执政路线图，希望以经济这一国内中产阶级群体最关心的议题为政治纽带，以团结大多数民众来有效应对美国当前面临的挑战。相应地，"经济优先"意味着拜登政府致力于尽可能地搁置造成美国社会分裂的"文化战

---

① "Inaugural Address by President Joseph R. Biden, Jr.," The White House, January 20, 2021, https://www.whitehouse.gov/briefing-room/speeches-remarks/2021/01/20/inaugural-address-by-preident-joseph-r-biden-jr/.

② 出身于美国民主党中产阶级家庭并成长于罗斯福新政时期的拜登，对当时以中产阶级为主体并在政治上长期处于优势地位的民主党"新政联合体"有着天然的政治情感。同时，新政时期由民主、共和两党"对等合作"这一主要政治模式推动形成的"政治中间主义"成为主流，这对于拜登作为温和派的政治立场的形成产生了潜移默化的重要影响。参见 Evan Osnos, *Joe Biden: The Life, the Run, and What Matters Now*, New York: Simon and Schuster, 2020.

争"议题,包括种族关系、女性平权和移民问题,避免其持续升级加剧政治和社会内耗。然而正如导论部分提到的,拜登政府未能复制20世纪30年代罗斯福新政的成功、凝聚起有效的国内政治共识,这就意味着政治中间主义在美国已经不可挽回地走向了终结。具体而言,其原因有以下两点。

第一点,美国国内政治中间主义的终结是当前民主、共和两党极化进一步加剧的必然结果,其表现在两党恶斗使得拜登政府的上述执政路线图被共和党完全打乱。从2020年美国大选后两党围绕选举结果合法性的争议到2021年1月6日爆发的特朗普支持者冲击国会山事件表明,拜登的执政始于两党极化,因而政治环境对他而言可谓开局不利。执政后,共和党先在拜登重视的经济领域制造政策障碍,后又借移民、控枪、性教育及当下吵得沸沸扬扬的堕胎权争议,在社会议题上对民主党发起大规模"文化战争"攻势,刺激拜登被迫作出反击,从而彻底打乱了后者"经济优先"的执政路线图。这些事实意味着民主、共和两党极化依然是美国政治面临的最严峻挑战。具体而言,共和党对拜登政府执政的掣肘集中表现在五个方面。一是运用国会"冗长发言"机制阻挠《新冠疫情纾困法案》通过,迫使民主党动用了每年只能使用一次的"预算协调程序"才得以规避并勉强通过该法案。这表明即使在美国面临经济、社会危机的背景下,党派斗争依然凌驾于国内民众利益之上。二是在国会迫使民主党的基建计划规模大幅缩水,从2万亿美元缩减为1.2万亿美元。① 三是保守派控制的美国最高法院推翻了旨在保护妇女堕胎权的"罗伊诉韦德案",引爆美国国内"文化战

---

① "President Biden's Bipartisan Infrastructure Law," The White House, https://www.whitehouse.gov/bipartisan-infrastructure-law/.

争"，并迫使拜登政府将注意力转向社会文化领域，扰乱其"经济优先"的执政路线图，进而对其打造中产阶级政治联盟的计划产生不利影响。① 在此过程中，拜登直到 2022 年 5 月的讲话中才极不情愿地提及"堕胎"一词，并于 9 月在致力于进行民主党中期选举动员的费城演说中愤怒地指责"特朗普化的共和党是美国历史上最极端的政治组织"，同时在"罗伊诉韦德案"被推翻后宣称"美国倒退了 150 年"②。四是共和党的"文化战争"不断开辟新战场，其控制的佛罗里达州议会通过了禁止在公立小学教育中提及性取向的法案，招致民主党严重不满。五是共和党在州一级层面大力推动选举资格限制，从而削弱民主党在少数族裔、外来移民和其他社会弱势群体中的选举优势。③

第二点，美国国内政治中间主义的终结还在于两党内部尤其是民主党内部的分裂在拜登政府执政后进一步加剧，使拜登及其代表的政治中间主义面临左右为难的处境，生存空间日趋狭小。在民主、共和两党极化有增无减的同时，民主党内分裂成为拜登政府执政后面临的一大挑战。早在 2020 年美国大选

---

① Ronald Brownstein, "The Democrats' Midterm Identity Crisis," *The Atlantic*, May 11, 2022, https://www.theatlantic.com/politics/archive/2022/05/biden-democrats-midterm-elections-2022-strategy/629817/.
② "Remarks by President Biden On Economic Growth, Jobs, and Deficit Reduction," The White House, May 4, https://www.whitehouse.gov/briefing-room/speeches-remarks/2022/05/04/remarks-by-president-biden-on-economic-growth-jobs-and-deficit-reduction/; "Remarks by President Biden on the Continued Battle for the Soul of the Nation," The White House, September 1, https://www.whitehouse.gov/briefing-room/speeches-remarks/2022/09/01/remarks-by-president-bidenon-the-continued-battle-for-the-soul-of-the-nation/.
③ "19 States Enacted Voting Restrictions in 2021. What's Next?" NBC News, December 21, 2021, https://www.nbcnews.com/politics/elections/19-states-enacted-voting-restrictions-2021-rcna8342.

期间,作为民主党内温和派代表的拜登便与该党左翼进步派——包括伯尼·桑德斯(Bernie Sanders)和伊丽莎白·沃伦(Elizabeth Warren)——在一系列经济社会议题上出现分歧,只是在大选中击败特朗普的共同利益暂时掩盖了党内龃龉。① 执政后,拜登与民主党内左翼矛盾突显,其核心是左翼对拜登搁置"文化战争"的做法不满,认为是对共和党的让步。② 在"罗伊诉韦德案"被推翻后,民主党内左翼对拜登的不满进一步加剧,这也成为后者被迫对该裁决结果表态并在社会文化"战线"反击共和党的一股内部压力。同样在社会文化领域,左翼进步派主张非法移民去罪化和减少对警察的财政支持力度,这一点被党内中右派指责为是在"纵容犯罪"③。此外,左翼进步派对拜登政府的经济改革方案同样心存芥蒂,认为其太过保守,呼吁运用总统行政令等激进方式减免学生贷款,使美国进一步朝着福利国家方向改革。与左翼进步派聚焦社会文化议题不同,民主党内以西弗吉尼亚州联邦参议员乔·曼钦(Joe Manchin)为代表的中右派(又被称为"第三条道路"派,崛起于20世纪90年代的克林顿政府时期)则指责拜登政府的经济和社会政策过于突出"大政府"的作用,太过激进,从而引发了美国近半个世纪以来最为严重的通货膨胀问题。其中,中右派对《重建更好未来法案》中儿童保育和医保补贴等累计超过3 000亿美元的支持中产阶级家庭的预算支出不满,认为是"大

---

① 王浩:《2020年大选后美国的政党政治走向及其影响》,《美国问题研究》2021年第1期。
② Ronald Brownstein, "The Democrats' Midterm Identity Crisis," *The Atlantic*, May 11, 2022, https://www.theatlantic.com/politics/archive/2022/05/biden-democrats-midterm-elections-2022-strategy/629817/.
③ Ibid.

政府"的体现,因此使得该法案在国会陷入民主党内僵局,这也是民主党内分裂的直接体现。① 此外,如上文所述,中右派在社会文化领域对左翼感到不满,双方尤其在移民和犯罪问题上的立场分歧显著。民主党内的上述分裂无疑进一步加剧了拜登政府的执政困境。拜登本想通过政治中间主义左右逢源,尽可能团结党内各派,并扩大民主党的执政基础,然而,结果事与愿违,使自身陷入左右为难的巨大执政困境。这就表明,肇始于罗斯福新政时代的政治中间主义在美国已彻底失去生存空间,成为当前美国政党政治格局下显得过时和无效的选择。

总之,拜登政府的"经济优先"思维和政治中间主义路线面临的困境,归根到底反映出美国政党政治演变的逻辑已经不再停留在由"经济-阶级"作为主要矛盾和要素推动的"经济决定论"和"经济-政治周期联动论"阶段,因而周期范式在探讨拜登政府执政以来民主党内温和派-建制派所面临的政治困境时,无法抓住问题的主要矛盾。随着"文化-身份"要素重要性的不断上升,美国政党政治研究的周期范式表现出越来越明显的内在局限性,因而我们需要进行研究范式的创新,以更好地回应和探究美国政党政治大变局带来的诸多新问题。

---

① 相关具体分析参见王浩:《走出周期:美国政党政治研究的范式转换与议程重置》,《美国研究》2022年第4期。

第三章
走出周期：美国政党政治研究的范式创新

一、周期范式的内在局限与研究范式的创新契机

冷战结束尤其是后金融危机时代以来，美国政党政治的实践发展出现了诸多基于传统的周期范式研究无法回应的重要现象、问题和趋势。前文的分析已经表明，造成周期范式失灵的根本原因在于其赖以存在的历史-社会条件——"自由主义-瓦斯普"共识——出现了重大变化，这也成为美国政党政治研究以文化-身份要素为核心矛盾的认同范式应运而生的基础。在笔者看来，全球化背景下多元文化主义（multiculturalism）的兴起及其在美国政党政治中影响力的持续快速上升、冷战后美国国内人口结构调整从量变到质变的积累以及社交媒体兴起带来的"对立叙事"（opposite narrative）的泛滥与政治"回音室效应"（echo chamber effect）的愈演愈烈等一系列深层次政治、社会因素的共同作用，使得美国政党政治的"部落化"（tribalization）趋势逐步形成和发展，进而对"自由主义-瓦斯普"共识产生了一种显著的消解效应，并导致美国现有的一系列政治和社会制度安排

出现"过载"(overloading)。当然,在此过程中,美国经济结构的变迁与政治、社会结构的变迁形成了强烈的共振效应,在很大程度上加速了这一趋势的形成与发展。基于此,美国政党政治研究只有走出周期,进行范式创新,才能真正回应上述时代趋势变化。换言之,如果我们已经习惯于从周期的视角审视人类社会发展变迁轨迹的话,从更为宏观的历史思维出发进行观察可以发现,当前美国政党政治正在经历的时代变局,意味着建立在"自由主义-瓦斯普"共识框架基础上的这一以百年为时间维度和跨度的大周期正渐趋终结,以及一个新的可能同样以百年为时间维度和跨度的"后共识"大周期的到来,其核心特征是多元文化主义和多重价值观之间的相互对撞与博弈,其进程与结果将对美国的国家认同产生巨大而深远的影响。在这一以百年为时间维度和跨度的大周期正在转换的背景下,我们过往所熟知的周期范式显然已属于"自由主义-瓦斯普"共识框架之下的次级周期分析视角,其蕴含的小周期逻辑已不足以阐释当下这一政治大周期转折点所带来的一系列新问题。

导致近年来美国国内"自由主义-瓦斯普"共识框架不断弱化的所谓美国政党政治的"部落化"趋势,主要是指美国国内多元化的政治群体越来越倾向于依据自身抽象的身份认同和价值理念——而非具体的政治观点和阶级属性——来界定各自的政党归属,这就使得文化-身份要素在政党认同形成过程中的重要性开始超越传统的经济-阶级要素。基于此,当前美国民众尤其是政治活跃群体的政党归属并非是在"自由主义-瓦斯普"的共识框架下基于对具体议题、政策和利益进行权衡的产物,而是建立在更加广泛、抽象甚至极端的观念基础上,使得政治博弈成为类似于部落战争的"你死我活"的斗争,其中每个政治群体都是"部落战士",不仅无法容忍对立方的存在,而且愿意付出一切代价击垮对方。① 具体而言,当前美国国内依据不同群体的身份认同和价值理念——或者将其称为"核心信念"——的不同,可以划分为七大"政治部落",它们的意识形态和文化价值观光谱已经超越了传统的"自由主义-瓦斯普"共识框架,按照从左至右的顺序依次为:左翼进步派、传统自由派、消极自由派、政治超脱派、温和派、传统保守派和右翼民粹派。②

左翼进步派占美国人口总数的8%左右,这一群体有着强烈的意识形态观点,并高度参与政治,是多元文化主义和全球主义的强力拥护者。他们中的很多人往往接受了最高水平的教育,享有较高的经济、社会地位。由于身处安全和稳定的环境中,他们更有精力去关注社会是否公正。这一群体的代表性观点是,当下的美国国内环境对有色人种不利,对女性不利,对缺少优势的人不利,因而从任何意义上讲,美国都不是一个平等的社会。上述观点反映出这一"政治部落"对传统的"自由主义-瓦斯普"共识的主导地位感到不满。虽然这一"政治部落"的人口只占美国总人口的很小一部分,但他们在国内政治中却扮演着重要角色,尤其关注种族、性别和其他少数群体的身份等与"文化战争"密切相关的议题。此外,他们还对美国当前所表现出的民族主义和保护主义倾向感到十分不安。总的来看,这一群体中将政治作为一种爱好的人数是全美平均水平的两倍多,达到了73%,这也成为他们能够发挥不成比例的政治影

---

① 刁大明:《身份政治、党争"部落化"与2020年美国大选》,《外交评论》2020年第6期。
② Stephen Hawkins, et al., "The Hidden Tribes of America," More in Common Report, 2018, pp.3-4.

响的重要基础。①

传统自由派占美国人口总数的11%左右,这一群体的政治参与度明显低于左翼进步派,群体特点表现为较为年长和谨慎。他们反映出美国婴儿潮一代的自由主义理想,即一方面相信美国仍有确保实现社会正义的潜能,另一方面则不像左翼进步派那么激进和极端,大体上仍然认同"自由主义-瓦斯普"共识的主导地位。总体上,这一群体怀有强烈的人道主义价值观,大约半数人承认宗教的重要性;此外,他们在对当前国家发展的方向(尤其是右翼民粹主义的兴起)感到失望的同时,仍然相信美国制度的韧性。

与上述两大自由主义部落相对立的是右翼民粹派和传统保守派两大保守主义部落。右翼民粹派占美国人口总数的6%左右,这一群体的政治活跃度和参与度与左翼进步派不相上下,是"瓦斯普"甚至白人至上主义的坚定拥护者,表现出以白人为主、年长、不妥协以及爱国等特点。就议题来看,这一群体重视宗教自由、反堕胎和恐怖主义问题,认为美国的传统价值观遭到了冲击,美国人越来越被迫地接受各种自由派思想,如更为开放的移民政策、种族不平等以及女性角色的转变等。因此,真正的美国正在被侵蚀,他们要做国家的忠诚卫士。总的来看,这一群体中将政治作为一种爱好的人数也接近全美平均水平的两倍,因此与左翼进步派形成了分庭抗礼的局面,达到63%,也在政治实践中发挥了远超其人口占比的影响。② 在一些具体议题——如移民问题——领域,这一群体强烈支持在美国和墨西

---

① Stephen Hawkins, et al., "The Hidden Tribes of America," *More in Common Report*, 2018, p. 23.
② Ibid., p. 39.

哥边境建墙(比例达到75%,是全美平均水平的3倍多),强烈支持对穆斯林的旅行禁令(比例达到88%,是全美平均水平的近3倍),在政治态度上反对妥协(比例达到63%,比全美平均水平高24%)。

传统保守派在美国人口总数中的占比更高,达到19%,其政治参与度与传统自由派接近,属于信奉宗教、爱国以及注重传统道德的中产阶级群体。在他们看来,美国的文化根基正在面临来自强调多样性和贬低美国成就的多元文化主义思想的严重威胁。他们坚信个人责任感和自力更生,认为性骚扰和种族主义等议题过于引人注目。他们对美国公民、基督徒和保守派的身份有深切的认同感。在这一群体中,强烈支持特朗普的人的比例是全美平均水平的两倍多(二者分别为49%与19%)。①

以上四个部落和针锋相对的两大阵营加起来占到美国人口总数的44%,成为美国政党政治"部落化"的核心推手,尤其是其中的左翼进步派和右翼民粹派两个极端的"政治部落",尽管其在美国的人口占比中加起来仅约15%,却由于极高的政治活跃度和参与度在实践中产生了重大而深远的政治影响。当然,这些极端"政治部落"所产生的不成比例的影响还与占据意识形态和文化价值观光谱中间地带的"筋疲力尽的大多数"群体极低的政治活跃度和参与度有关,它们是消极自由派、政治超脱派以及温和派,在美国人口总数中的占比分别为15%、26%和15%。这些"政治部落"普遍对政治感到悲观,缺乏安全感,对政府抱有不信任的态度,因此参与政治的热情远比两

---

① Stephen Hawkins et al., "The Hidden Tribes of America," *More in Common Report*, 2018, p. 36.

端的"政治部落"低,但他们在意识形态和文化价值观领域的灵活度较高,在不同的议题领域可能持有不同的态度和观点,由此一定程度上增加了政治的流动性。不过总体而言,基于后文即将探讨的多重结构性因素,这些群体在美国政党政治日益朝着极端化方向发展的背景下变得越来越边缘化。

后金融危机时代以来,美国国内不同政治群体表现出的上述"部落化"发展趋势——尤其是左翼进步派和右翼民粹派两大部落水火不容的态势——在美国政党政治实践中愈演愈烈。这一方面直接和大幅加剧了民主、共和两党的政治极化程度,恶化了美国的政治生态,并对美国民主造成难以挽回的伤害;另一方面则在更深层次上构成了对美国自立国以来以"自由主义-瓦斯普"共识框架为原则的文化-价值观根基的严峻挑战。追根溯源,这一趋势形成的主要背景有四个方面,即全球化背景下的多元文化主义勃兴,全球化背景下美国人口结构的深层调整,社交媒体、"对立叙事"与政治"回音室效应"的兴起,以及新自由主义导致美国经济结构不断虚化,贫富差距与日俱增。它们是周期范式表现出日益显著的内在局限的时代条件,同时也为美国政党政治的研究范式创新提供了时代契机。

(一) 全球化背景下的多元文化主义勃兴

前文提到,20世纪70年代的政党重组尤其是"里根革命"催生出的美国政党政治周期,在冷战后全球化背景下逐渐发展为民主、共和两党之间的"对等极化",结果是在共和党及其新自由主义理念主导美国经济政策议程的同时,民主党及其提倡的多元文化主义成为美国社会文化发展的指引性原则。多元文化主义的核心是反对"瓦斯普"文化一直以来在美国社会中的绝对支配地位,强调少数族裔和社会边缘群体的独特文化传统,尤其是其受压迫和歧视的历史,主张通过在社会政治生活和公共政策中对这类群体进行平等甚至特殊对待,对过去的"不正义"进行弥补。① 在他们看来,美国是白人、黑人和红种人(印第安人)一起创立的,美国文明是欧洲文明、非洲文明和美洲文明交汇碰撞的结果和多种文明的集大成者,后来的黄种人、棕种人也构成美国历史的一部分,因此,白人文化的主导地位并不合理。② 换言之,长期主导美国政治和社会的"瓦斯普"文化只是美国文明在形成过程中的一个组成部分——欧洲文明内部的一个分支而已,并不能代表美国文明的全部,因此其他多种文明在这一"大熔炉"中理应存在自己的一席之地,并在此基础上争取相应的政治、经济和社会权利。

实际上,多元文化主义与"瓦斯普"之间的矛盾与张力并非一个晚近形成的现象。早在建国时期,美国社会中就存在关于"一元"与"多元"之间关系的讨论。1782年,法裔美国学者赫克托·圣约翰·德克雷弗柯尔(Hector St. John de Crevecoeur)对美国民族性的"一元"化与人口"多元化"之间的相互关系作过令人印象深刻的描述。在"何为美国人"这一问题上,德克雷弗柯尔认为,美国人不是欧洲某一个国家或文明的后裔,而是一个"奇怪的血缘混合体",是一个人类的新种族。在此基础上,德克雷弗柯尔首次提出了"熔炉论"思想,其基本观点为:人的生长与植物一样受制于自身周围环境,美国特殊的气候、政治制度、宗教和工作环境会将来自世界不同地区的移民熔制成具

---

① 韦宗友:《多元文化主义的挑战与美国的应对——兼论美国的文化政策》,《美国问题研究》2015年第2期。
② Horace M. Kallen, *Culture and Democracy in the United States*, New York: Arno Press, 1970, p. 11.

有同样品质和理想的人。① 19世纪末,美国历史学家弗雷德里克·杰克逊·特纳(Frederick Jackson Turner)在其著名的"边疆学说"中肯定了德克雷弗柯尔的思想,但特纳强调将大量来自欧洲的移民"熔成一个混合种族"的是美国对西部边疆的扩张和开发。② 因此,西进运动创建了美国式的民主,建立了美国人对自己国家政治体制和文化思想等的广泛认可。特纳的这一学说为20世纪初的"美国化"(Americanization)运动——要求新移民从语言、文化、政治行为到精神完全接受美国传统——的兴起提供了有力支持。③ 1909年,犹太裔美国作家伊斯雷尔·赞格威尔(Israel Zangwill)在其以《熔炉》(*The Melting Pot*)为名的剧本中,将美国比喻为能使"所有欧洲民族……融化和再生(reforming)的伟大熔炉"④。此后,"熔炉论"变得更为普及。

在"熔炉论"的影响下,"瓦斯普"文化的主导性在美国社会日益巩固和愈发突出,成为服务于白人精英统治地位的思想工具。然而,潜藏在"熔炉论"之下的美国种族不平等随着工业化、城市化的快速发展,在19世纪末20世纪初的美国引发了越来越尖锐的社会矛盾,由此催生出美国历史上第一轮真正的多元文化主义运动。在此期间,著名黑人学者杜波依斯(W. E. B. DuBois)就对为美国法律所认可的种族歧视进行了全面和深刻的批判。在1903年出版的《黑人的灵魂》一书中,杜波依斯描述

---

① Hector St. John de Crevecoeur, *Letters from an American Farmer and Sketches of Eighteenth-Century America*, New York: Penguin Books, 1983, pp. 70-71.
② Frederick Jackson Turner, "The Significance of the Frontier in American History," in Frederick Jackson Turner, *The Frontier in American History*, New York: Henry Holt and Co., 1928, p. 23.
③ 王希:《多元文化主义的起源、实践与局限性》,《美国研究》2000年第2期。
④ Israel Zangwill, *The Melting Pot*, New York: Macmillan, 1920, p. 67.

了被排斥在主流文化之外的黑人民族的精神创伤。他写道:"每个美国黑人始终生活在两种同时存在的意识(double consciousness)之中,始终意识到他既是一个美国人,又是一个黑人……两个灵魂,两种思想,两种不可调和与妥协的抗争,两种始终处在交战状态的理想,并存于一个漆黑的躯体之中。"①实际上,杜波依斯提出了一个迄今为止对于非洲裔美国人而言依然十分具有现实意义却似乎难解的问题:"我到底是谁?我是美国人,还是黑人?我能否同时成为两者?我是否有责任尽快地停止成为一个黑人而变成一个美国人?"

如果说20世纪初的第一轮多元文化主义运动唤醒了美国少数族裔的自我意识,那么美国历史上第二轮也是规模更大的一轮多元文化主义运动——20世纪五六十年代的民权运动,则将这种意识转化为影响深远的具体行动和政策。实践中,民权运动采用以种族为基础的"群体斗争"方式来争取"群体权利",从而对以强调个人权利为传统的美国政治构成反叛,"群体诉求""群体权利"也因此成为多元文化主义运动的核心。此外,民权运动取得的一系列政治成果为多元文化主义的兴起奠定了政治基础。美国于1964—1968年通过的一系列联邦法律,为黑人和其他少数族裔享受与白人平等的政治和公民权利扫清了法律上的障碍,迫使联邦政府承担起了保障公民权利的责任,从而使得街头抗争转化为法律结果。1965年《选举权法》实施以后,美国南方的黑人重新获得选举权,他们对政治的参与改变了地方政治结构。到1974年时,美国南方已有1 500多名黑人担任了不同层次的公职,其中相当一部分为州

---

① W. E. B. DuBois, *The Souls of Black Folk*, Boston: Bedford Books, 1997, p. 38.

立法机构成员。1970年,美国国会的8名黑人议员组成"国会黑人党团组织"(Congressional Black Caucus,简称CBC),专门就有关黑人权利的立法进行磋商和协调。

进入20世纪70年代,"肯定性行动"(Affirmative Action)的推进对多元文化主义的兴起也起到了非常重要的推动作用。"肯定性行动"是一项由美国的1964年《民权法》衍生而来的民权政策,目的是帮助在美国历史上长期受到集体性、体制性歧视的人群更快改善在教育和经济等方面的劣势地位。具体而言,就是在就业、就学、接受政府贷款、发放奖学金或助学金以及分配政府商业合同之时,在竞争者能力和资格同等的情况下,少数族裔(如黑人、拉丁裔、印第安人和亚裔等)以及妇女有被优先录用或得到政府合同的权利。"二战"后,美国联邦政府对全国经济的控制能力逐步增强,尤其是在发放合同和基金方面,许多重要的私营大企业和大学都需要从联邦政府那里接受合同或研究资金,各州对联邦政府的财政依赖性大幅增加,这就导致联邦政府拥有了体制上的优势来强制推动"肯定性行动"。自20世纪70年代以来,美国的企业和大学呈现出日益明显的多元化趋势。政府部门、文艺界和大众传媒界等也开始改变过去白人男性一统天下的状况,连一些经济上独立于政府的机构出于商业利益和公共形象的需要,也实施了变相的"肯定性行动"。尽管并非政府的初衷,但促进"多元化"在实践中被当成是"肯定性行动"的重要目标和指标之一。民权运动的另一项成果——1965年移民法——则更加现实和直接地推动了多元文化主义的兴起。这项新移民法对实行了近半个世纪的对有色人种的歧视性移民政策进行了纠偏,使大量来自亚洲和拉丁美洲的移民得以进入美国,这也成为美国人口结构深刻调整的一大动力。

相较于20世纪早期和20世纪50—70年代的两次多元文化主义运动,冷战后全球化背景下的多元文化主义勃兴在美国两党"对等极化"的政治结构下,第一次对以"瓦斯普"文化为内核的美国国家认同构成了严峻挑战,进而产生了重大的社会和政治影响。历史上的前两次多元文化主义运动尽管产生了不同程度的深远历史影响,但它们无论从主观意图还是从客观效果看,都未对占据美国社会主导地位的"瓦斯普"文化构成挑战,而是在承认和接受既有的以白人盎格鲁-撒克逊新教精英为主体的政治和社会结构下争取女性、少数族裔和少数群体等社会弱势群体的经济、社会权利。然而,冷战后尤其是近年来愈演愈烈的这一轮多元文化主义运动,在政治和社会性质上发生了重大变化。在实践中,这一轮多元文化主义的兴起引发了自由派和秉持白人文化主导性的保守派之间激烈的"文化战争",带来了当前美国社会的深度撕裂和对撞。① 一方面,多元文化主义者大多以少数族裔、女权主义者、受教育程度较高的年轻人和城市选民为主,在前文提到的美国各大"政治部落"中属于左翼进步派,他们支持女性、少数族裔和少数群体权利,在堕胎等社会议题上持有激进立场,甚至要求对美国历史进行改写。另一方面,白人保守派则多以新教徒尤其是基督教右派和传统福音派新教徒为主,在前文提到的美国各大"政治部落"中属于右翼民粹派,他们笃信主流的"瓦斯普"文化,在社会议题上持保守立场,主张维护传统价值观。上述两股社会力量的相互角力极大地增加了美国社会结构的内在张力,冲击了既有的主流社会价值观,出现了政治和社会学者所描述的"两个美国"

---

① 王浩:《当代美国的政党政治极化:动因、走向与影响》,《美国问题研究》2020年第2期。

的分裂。① 更重要的是，在多元文化主义迅速崛起进而主导大众传媒、公共舆论并掌握社会议题话语权的背景下，关于女性、少数族裔和少数群体权利的保护进而发展为一种强烈的"政治正确"（political correctness）。这就进一步加深了美国社会的分裂，成为近年来白人至上主义思潮强烈反弹、美国社会矛盾迅速激化的主要原因，同时成为美国政党政治"部落化"的重要观念基础。② 在此背景下，以"罗伊诉韦德案"裁决为代表的"文化战争"成为上述重大冲击和挑战所带来的影响的缩影。

实际上，"罗伊诉韦德案"裁决在当前的美国政治社会背景下并非一个孤立事件，而是愈演愈烈的"文化战争"的缩影，其中种族平等、性别平等、少数群体权利、枪支管控和移民问题等都是这场"战争"的"主战场"。特朗普政府执政后，右翼民粹主义和白人至上思潮在美国的泛起加剧了"文化战争"的烈度，成为共和党进行选举动员的有力武器。上述事实表明，自特朗普政府执政开始，美国社会文化领域的保守主义转向正在加速，而"罗伊诉韦德案"裁决则成为这一过程中的一个关键节点，标志着这场社会文化领域的保守主义运动在有利的国内政治社会环境，尤其是最高法院保守化意识形态构成的推动下，正在全面纵深发展。这也就意味着"瓦斯普"文化与多元文化主义之间的角力不仅仍将持续下去，而且将在主要的政策领域进一步激化。这一点不仅成为当前和未来中长期美国政党政治持续朝着"部落化"方向演变的重要基础，也成为认同范式构建的观

---

① James D. Hunter, *Culture Wars: The Struggle to Define America*, New York: Basic Books, 1991; Morris P. Fiorina et al., *Culture War: The Myth of a Polarized America*, New York: Pearson Longman, 2005.
② 陈金英：《美国政治中的身份政治问题研究》，《复旦学报（社会科学版）》2021年第2期。

念前提。

(二) 全球化背景下美国人口结构的深层调整

美国政党政治"部落化"趋势的迅速形成,除了上述观念和政策因素发挥了重要作用外,还与冷战后全球化背景下美国人口结构的持续调整这一重大社会结构性变迁密切相关。人口结构的深层调整与新镀金时代美国经济结构的变化形成共振,进一步深化了美国经济和社会中的一系列结构性矛盾,如贫富悬殊、性别不平等与族群矛盾,成为近年来美国国内社会冲突激化的重要诱因之一,也成为多元文化主义影响力不断上升、美国政党政治的"部落化"趋势愈加明显的物理条件。

冷战结束尤其是后金融危机时代以来,美国国内人口结构持续调整所呈现出的主要趋势首先体现在族裔维度上,即白人人口占比迅速下降,少数族裔尤其是拉丁裔人口占比迅速上升,并且这一趋势在未来中长期难以出现逆转。根据美国人口统计局2020年度所进行的每十年一次的全国人口普查的最新统计结果,在全美3.28亿人口中,白人所占比重为60.4%,拉丁裔为18.3%;然而就在2010年,上述两个数字分别为70.9%和10%。这就意味着在短短10年时间里,白人在美国人口中所占的比重骤降超10%,拉丁裔则上升逾8%,其余少数族裔如非洲裔和亚裔等占全美人口的比重同样有一定幅度的上升。更值得注意的是,自2012年起,美国新生婴儿中的白人人口比重首次跌破50%,这就预示着在不久的将来,白人人口在全美人口总数中的占比将不足一半。事实上,按照美国人口学家的推算,白人在美国人口中的比重到2060年时将会降至40％,拉丁裔、非洲裔和亚裔的比重则会分别提高至30％、15％和10％。这一变化趋势意味着美国将在人口学意义上进入无多数族裔结构的"部落化"阶段,从而不可避免地重塑美国的主流价值观和国家认同,并因此深刻改变其政治、经济和社会图景。① 面对这一百年未有的剧烈变局,实际上早在20世纪末美国国内就有主张多元文化主义的学者提出了应对的办法,那就是如果美国想要在21世纪甚至更长时间里继续保持其全球领先地位,美国人就必须在民族和国家认同方面建立起新的有效共识,因为原来的白人社会主流价值观即"瓦斯普"文化已经无法继续成为这种认同的基础,因此唯有接受多元文化主义并尽早培养具有这种精神和心灵的新一代,才能使美国的未来葆有希望。②

在实践中,美国人口结构出现的上述剧烈调整不可避免地会产生相应的政治和社会后果。一方面,少数族裔人口占比的迅速上升与近年来多元文化主义在美国社会文化领域的优势地位形成共振,把身份政治和政治正确等带有进步主义甚至激进主义色彩的政策理念推向极端,并在这一过程中成为政党政治斗争和政治动员的工具。这就进一步加深了白人保守主义者甚至部分白人温和派与移民间的文化、意识形态冲突,引发了政治学家塞缪尔·亨廷顿所描述的白人对于非白人"数量优势的恐惧"③。这种恐惧为当前美国国内白人至上主义思潮以及"特朗普现象"的强势兴起提供了广泛社会基础,也为近年来美国国内愈演愈烈的"文化战争"提供了诱因,还使得左翼和右

---

① 数据来源于美国联邦统计局:https://www.census.gov/。
② 王希:《多元文化主义的起源、实践与局限性》,《美国研究》2000年第2期。
③ [美]塞缪尔·亨廷顿:《谁是美国人:美国国民特性面临的挑战》,程克雄译,北京:新华出版社,2010年。

翼政治意识形态大行其道，对美国以自由主义为基本框架的意识形态结构形成了强烈冲击。按照美国学者的研究，人口结构变化与"文化战争"的出现使美国政党政治"部落化"趋势最集中地反映在意识形态和价值观领域，即当前美国国内的政治群体已无法简单地以"自由主义-保守主义"意识形态二分法来界定，而是出现了前文论及的几乎势均力敌的七大意识形态和价值观"部落"。其中，正是人口结构变化带来的左、右翼极端意识形态的斗争，进一步加速了美国政党政治的"部落化"进程。

除了族裔结构的质变带来的政治和社会影响外，美国人口结构的深层调整还体现在代际变化维度上，其趋势同样对美国政党政治"部落化"的发展产生了不可忽视的推动作用。代际更迭本身是一个人口统计学的术语，是指在出生率和死亡率的相互作用下，人口以稳定的速度更替的过程。例如，美国的"婴儿潮"一代、"X世代"、"千禧一代"以及"Z世代"等都是对这种代际更迭的描述。① 既有研究表明，21世纪以来，以"千禧一代"和"Z世代"为代表的美国青年在政治认同上表现出了与其父辈截然不同的一系列新特点和新趋势，他们不仅已经开始作用于美国政党政治的发展演变，而且随着代际更迭的持续进行，这种作用将在未来几十年内变得愈发显著。总的来看，美国青年的政治认同主要包括以下三个层面：一是对"美国信念"的拥护，二是基本的政治主张与立场；

---

① 美国社会中的"婴儿潮"一代指的是"二战"结束后从1945年到1965年出生的人，"X世代"则指的是1965年到1980年期间出生的人，"千禧一代"指的是1980年到1995年出生的人，"Z世代"则指的是1995年至2010年出生的人。

三是为强化自我归属感作出的选择或判断。① 从这些维度出发进行观察,研究发现美国的"千禧一代"和"Z世代"更加偏爱"大政府",更支持种族多样性,关注气候变化。② 具体而言,如果对美国青年一代政治认同的变化进行总结,可以发现如下方面的显著新特点和新趋势。

首先,美国青年一代的政治进步主义色彩更为浓厚。在2020年的美国大选中,支持民主党的青年比例比共和党高出整整20个百分点。③ 在保守派内部,青年群体同样表现出了相较于其父辈的进步主义态度。例如,"Z世代"共和党青年中55%的人支持大麻合法化,53%的人支持加大技术投资以保护环境,43%的人认为黑人遭到了不公正待遇。④ 美国青年一代进步主义意识的整体增强趋势加速了所谓"进步民粹主义"势力的抬头,甚至出现与右翼民粹主义分庭抗礼之势,成为美国政党政治"部落化"的具体写照。

其次,文化-身份已经取代经济-阶级成为美国青年政治认同的核心。尽管新镀金时代美国社会的经济不平等持续加剧,但经济议题和基于经济-阶级要素的政党认同却在美国青年一

---

① 周顺:《美国"Z世代"大学生政治认同两极化及其原因》,《国际展望》2021年第2期。
② Ruth Milkmana, "A New Political Generation: Millennials and the Post-2008 Wave of Protest," *American Sociological Review*, Vol. 82, No. 1, 2017, p. 5; "Public Trust in Government: 1958-2022," Pew Research Center, June 6, 2022, https://www.pewresearch.org/politics/2022/06/06/public-trust-in-government-1958-2022/.
③ Ruth Igielnik et al., "Behind Biden's 2020 Victory," Pew Research Center, June 30, 2021, https://www.pewresearch.org/politics/2021/06/30/behind-bidens-2020-victory/.
④ Kim Parker et al., "Generation Z Looks a Lot Like Millennials on Key Social and Political Issues," Pew Research Center, January 17, 2019, https://www.pewsocialtrends.org/2019/01/17/generation-z-looks-a-lot-like-millennials-on-key-social-and-political-issues.

代人群中失去了关注度,成为美国政治社会发展中一大令人困惑的现象。在"芝加哥安全与恐怖主义项目"(Chicago Project on Security and Threats,CPOST)的调查研究中,参与2021年1月6日发生在美国首都华盛顿的特朗普支持者"冲击国会山"事件的青年叛乱分子并非来自美国农村或者家庭收入下降的地区,而更多来自美国国内白人人口占比下降的地区;2015—2019年,美国一个县的白人人口占比每降低1%,就意味着出现青年白人民粹主义者的可能性增加25%。① 因此,文化-身份认同已经取代经济-阶级诉求成为美国青年群体政治认同的决定因素。

最后,美国青年一代的感性心理认知已经取代理性政策理念成为其政治行动的逻辑,由此加剧了政党政治的"部落化"趋势。美国的"千禧一代"以及"Z世代"的政治认同与立场很大程度上受到"九一一"事件的巨大冲击,并因此形成了三种逻辑偏差:一是"脆弱人设",即认为外部环境带来的伤害只会让人变得更加脆弱;二是情感推理,即只相信直觉和感性,而不相信逻辑和理性;三是"我们与他者"关系的理解偏差,即认为生活就是好人与恶人之间的战斗。② 在这些存在偏差的心理感知作用下,社交媒体时代的到来愈发导致青年人通过情绪宣泄而非理性言论表达自身的观点和立场,进而在该群体中出现了政治宗派主义的极化与对抗,成为美国政党政治"部落化"的重要动力。③

---

① Barton Gellman, "Trump's Next Coup Has Already Begun," *The Atlantic*, January/February 2022, p. 24.
② [美]格雷格·卢金诺夫、乔纳森·海特:《娇惯的心灵》,田雷、苏心译,北京:生活·读书·新知三联书店,2020年,前言。
③ Eli J. Finkel et al., "Political Sectarianism in America," *Science*, Vol. 370, No. 6516, 2020, p. 534.

与族裔和代际层面的人口结构变化相比,美国人口在阶级层面的结构性变化虽然对政党政治走向的影响在趋于弱化,但其中长期走向依然值得关注。具体而言,近年来美国社会的阶级结构伴随全球化尤其是经济金融化发展而出现的根本性变化,则表现为中产阶级持续萎缩,人口结构开始从以中产阶级为主体的"橄榄球形"演变为社会财富分配失衡的"金字塔形"。2015年年底,美国皮尤研究中心发布的一项题为"美国中产阶级衰退"的报告显示,美国成年人口中当年的中产阶级规模为1.208亿,低收入和高收入群体的总数是1.213亿,中产阶级人数首次跌破成年人口总数的50%。① 这一数据一方面表明后金融危机时代美国经济的复苏主要是服务业尤其是金融业的复苏,社会中下层成了被剥夺者,由此不可避免地加深了社会不同阶级间的矛盾,甚至冲突;另一方面则表明,美国政治尤其是代议制民主赖以生存的土壤——以中产阶级为主体的社会结构出现质变,这就从一个侧面阐释了为何当前美国的政治极化程度不断加深、两党斗争成为常态、政治生态日趋恶化。

综上所述,美国人口结构在过去二三十年的深层调整——无论在族裔结构意义上白人与少数族裔之间的相对比例变化,还是在代际结构意义上青年一代在政治认同方面表现出的一系列新特征和新趋势,抑或是在阶级结构意义上中产阶级的大规模萎缩,已经开始从量变逐渐积累为质变,其对美国政治、社会的深远影响正在被越来越多的人所感

---

① "The American Middle Class Is Losing Ground," Pew Research Center, December 9, 2015, http://www.pewsocialtrends.org/2015/12/09/the-american-middle-class-is-losing-ground/.

知。就对美国政党政治演变的意义而言,上述深层次变化及其引发的社会不满情绪进一步推动了基于文化-身份要素的政党认同的转型,并在实践中加速了美国政党政治"部落化"的进程。

(三) 社交媒体、"对立叙事"与政治"回音室效应"的兴起

近年来,美国政治中"特朗普现象"的出现,白人至上主义思潮的泛滥以及以族群冲突为代表的"政治部落"间矛盾的愈演愈烈,还与社交媒体等技术进步带来的"对立叙事"与政治"回音室效应"的兴起密切相关。历史上,美国的媒体一直被视为是独立于行政、立法和司法等政府部门以外的"第四权力",起到了监督政府和代表民意的作用。然而,社交媒体的迅速兴起逐渐使得传统的主流媒体在美国政治和社会中出现日益明显的边缘化趋势。在社交媒体深刻影响公共政策议程的时代,不同群体的意识形态和价值观分歧会被迅速放大,结果是民粹主义者和极端主义者往往会充分利用这一变化,来鼓吹所谓"我们与他们"的"对立叙事",将政治和社会的主要矛盾对准诸如移民等群体,使得围绕公共政策的辩论日益身份化、标签化和极端化。这一趋势不仅无助于问题的解决,反而会固化和加深对立情绪,进一步加剧不同"政治部落"间已有的矛盾和冲突。社交媒体的兴起使得越来越多的极端观点得以绕开主流媒体的限制和过滤而使自己持续发声,因而在这一过程中,社交媒体会越来越倾向于构建起一种十分封闭和狭隘的舆论环境,一些相近的观点和声音不断进行重复和自我强化,意见相左的声音则被不断筛除,结果造成一种类似于回音室的自我强化的政治效应,也

有学者将这种回音室称为"信息茧房"①。更重要的是,"文化战争"议题的对立以及难以实现妥协等特性使之与社交媒体的动员效应实现了"完美"的结合,相较于可以进行利益交换的经济-阶级议题,更能引发不同群体之间的仇视心理。

在美国的政党政治实践中,特朗普政府执政期间的"推特治国"做法就是运用社交媒体这一技术工具进行"对立叙事"并引发强烈的政治"回音室效应"的典型案例。就政治动机而言,特朗普将社交媒体平台视为对自身政治基本盘进行持续、有效动员的特有方式,这就使得社交媒体赋予了作为华盛顿"圈外人"的特朗普独立于主流媒体之外的强大话语权和操控力,使之可以将政治竞选"永续化",跳出华盛顿政治圈的桎梏,以"上帝视角"对选民群体进行直接控制,以此反过来对共和党内的建制派形成间接压制。② 此外,特朗普通过社交媒体反复传递出的反建制、反移民和反全球化的呼声,事实上在美国政党政治的不同"部落"——如建制派和反建制派、白人保守派和少数族裔以及全球主义者与本土主义者——之间制造出一种越来越情绪化的"对立叙事",并引发不同"部落"内部日益明显的政治"回音室效应",从而恶化了美国的政治生态,加剧了以文化-身份为界标的不同群体之间的对立,进一步推动了美国政党政治的"部落化"趋势。③

上述政治发展趋势在美国政党政治实践中引发的最严重后果,就是2021年1月6日发生在美国首都华盛顿的国会大

---

① Matteo Cinelli et al., "The Echo Chamber Effect on Social Media," *Phycology and Cognitive Sciences*, Vol. 18, No. 9, 2021, pp. 3-6.
② 刁大明:《美国政治的"特朗普化"及其影响》,《探索与争鸣》2021年第2期。
③ Ashley Parker, "The Permanent Outsider," *The Washington Post*, August 21, 2020.

厦遭暴力冲击事件。2020年美国大选结束后，特朗普拒不承认大选结果并通过其社交媒体平台声称"选举造假"，煽动支持者们的愤怒和仇恨情绪。随后，美国国会众议院特别委员会对该事件展开了调查，并要求具有较广泛用户基础以及社会影响力的"脸书"（Facebook）和"推特"（Twitter）等社交媒体平台保存与之相关的大量用户数据。同时，特别委员会还关注到2020年美国大选期间在社交媒体平台上存在的虚假信息泛滥问题及其造成的政治、社会影响。

当前，社交媒体平台已成为美国民众获取新闻的主要渠道，"脸书"和"推特"等平台凭借庞大的用户群体规模、海量的用户数据以及多元化的资讯推送方式，对传统的信息传播格局造成了日益显著的颠覆，更深刻地影响了人们的生活、工作、学习，甚至思维方式。其中，平台根据用户偏好推送新闻的做法更是将大部分美国民众限制在了自己的"信息茧房"中，并且社交媒体传播迅速、使用便捷和影响广泛等特质赋予了极端言论、暴力思想、虚假新闻以及网络谣言等极为便利的散播条件，使得美国的民主价值观不断被侵蚀，政治社会对立日益加剧。对此，美国学者保罗·巴雷特（Paul Barrett）等的研究指出，社交媒体可能不是导致美国政治极化的根本原因，但确实加剧了这一趋势，其影响力尤其体现在美国的政治话语中，并且强化了政治宗派主义和党派之间的相互仇恨。相关试验结果表明，社交平台所使用的智能内容推荐算法可能会限制用户接触到与自己观点相悖的新闻资讯，从而进一步加剧了政治对立与极化。同时，人们在这些平台上看到与自己一致的政治观点还有可能让自身观点变得更为极端。巴雷特等认为，出现上述问题和现象的主要原因就在于社交平台为了最大限度提高在线参与度而采用的智能推荐算法。为了长时间吸引用户注意力,社交平台会实时搜集每个用户的个人信息并反馈给系统,以便通过算法得出用户喜好哪些内容。显然,社交平台的这些做法将带来两个方面的消极影响。一方面,通过大数据刻画用户肖像并运用协同过滤算法为用户进行个性化推荐,不仅将使得用户所接触的信息越来越趋向同质化,而且会持续固化用户在问题理解上的单一思维,从而形成极端的、割裂的认知。另一方面,由算法所主导的平台内容呈现还导致不同观众看到的内容不尽相同,并且系统不会将信息的真实性、全面性和客观性等作为主要关切,结果便是多元化"政治部落"愈发碎片化。这一趋势削弱了民主制度有效运转所需要的基本社会共识和凝聚力,不可避免地带来了社会的分裂。①

巴雷特等撰写的研究报告将对美国政治最有害的政党极化现象概括为"情感极化",即党派敌意的愈演愈烈。这种极化的特点在于,每个"政治部落"认为自己的政治对手不仅在重要问题上的立场是错误的,而且他们是可恶的、不爱国的,会给国家带来巨大的威胁。由此衍生出的仇恨在近年来已经日益显著地影响到了美国政党政治的实践,而社交媒体平台则在这一过程中发挥了重要的传播仇恨的渠道作用,这对美国的民主构成了持续的严重挑战,亟须行政和立法机关以及社交平台本身作出强有力的处置和应对。他们指出,在理想情况下,问题的解决主要应依靠平台的自律和自治,然而企业的逐利天性导致其自律程度和自治能力很难尽如人意,因此政府必须对其加以

---

① Paul Barrett, Justin Hendrix, and Grant Sims, "How tech platforms fuel U. S. political polarization and what government can do about it," Brookings, September 27, 2021, https://www.brookings.edu/articles/how-tech-platforms-fuel-u-s-political-polarization-and-what-government-can-do-about-it/.

治理和问责，特别是对各种算法和运行方式加以披露，才能促使企业承担起应负的社会责任。

总之，社交媒体的兴起及其带来的广泛政治、社会影响是美国两党政治精英不得不面对和应对的新问题。在这一过程中，以特朗普为代表的民粹主义力量试图将社交媒体视为进行党派斗争、发动"文化战争"和进行选举动员的有效政治武器，而这一媒介本身蕴含的一系列特性又不可避免地加剧和放大了民粹主义等的影响，从而带来了美国政治、社会生态的进一步恶化，尤其是政党政治的"部落化"趋势。

(四) 新自由主义导致美国经济结构不断虚化，贫富差距与日俱增

尽管周期范式视域下的"经济决定论"和"经济-政治周期联动论"在美国政党政治大变局的背景下表现出越来越显著的逻辑局限，但经济因素仍然是美国政党政治演变逻辑中的重要变量。尤其需要指出的是，"经济-阶级"要素虽然在许多情况下与"文化-身份"要素存在张力并开始被后者所压制，但两者也会形成共振效应，共同推动美国政党政治的演变。因此，两大要素之间的关系并非完全是非此即彼的竞争性关系，也存在互补性关系的情况。基于此，将美国经济结构正在出现的重要变化纳入考察范围，同样是我们进行研究范式创新不可或缺的组成部分。近年来，美国经济出现的深层次结构性变化主要是实体经济与虚拟经济之间的失衡态势进一步强化，社会阶层收入分配的不合理性愈发凸显，即经济结构不断虚化，贫富差距与日俱增，这对于美国政党政治极化和社会分裂产生了显著和直接的影响。造成上述变化的根源在于20世纪

80年代以来,共和党提倡的新自由主义意识形态成为美国经济发展的主流思想。在实践中,这一思想被赋予"市场原教旨主义"的意涵,其强调私有化、市场化和自由化,造成了经济金融化以及产业空心化等结构性问题,由此拉大了美国社会的贫富差距,使富人越富、穷人越穷。可以看出,新自由主义思想连同其相应政策的实质是维护和拓展美国精英阶层的利益和优势。

具体而言,近年来美国经济结构的不断虚化表现为第三产业尤其是金融业在国民经济中的比重持续上升,而制造业所占份额则不断下降,导致实体经济与虚拟经济出现巨大的结构性失衡。截至2021年,服务业在美国经济中的比重高达80.9%(其中金融和房地产加起来占比达21%),而制造业仅为11%(占比创下"二战"结束以来新低)。[①] 这一失衡程度不仅显著高于冷战结束初期,而且甚至高于2008年金融危机爆发前。这就表明,金融危机后美国经济结构虚化的总体趋势并未得到改变。事实上,后金融危机时代美国经济的复苏主要表现在服务业尤其是金融领域,实体经济尤其是制造业复苏的步伐则十分缓慢和滞后,这也成为2016年美国大选中"特朗普现象"和反建制主义兴起的重要动因之一。

与经济结构虚化相伴的是近年来美国收入分配结构的失衡。在以金融业和信息产业为代表的第三产业发展明显快于实体经济的背景下,美国经济增长的大部分红利被少数富人和精英阶层所获取,广大社会中下层在收入分配结构中处于弱势地位,由此加剧了国内贫富分化。按照托马斯·皮凯蒂

---

① 数据来源于美国联邦统计局:https://www.census.gov/。

(Thomas Piketty)等著名经济学家的研究,当前美国的贫富分化程度已经回到了 1929—1933 年"大萧条"爆发前的水平(见图 3)。1980 年时,美国最富裕的 1% 的人群社会财富占比约为 20%;而到 2018 年时,这一比重翻了一倍,达到 40%。相应地,这一群体的家庭年收入超过其他 99% 家庭的 26 倍。尽管推动制造业回流、重振实体经济成为从特朗普政府到拜登政府一再宣称的重要政策议程,但特朗普执政时期大规模减税法案的通过和对金融监管的再次放松事实上意味着新自由主义的经济理念仍在美国具有极为深远的影响,这必将进一步加剧美国经济结构的失衡和社会贫富差距。新冠疫情爆发后,美国社会中下层面临的经济困境与一系列政策刺激下资本市场繁荣而带来的华尔街精英及企业高管财富的成倍增长,再一次印证了美国经济结构的上述深层次变化及其内在弊病。根据世界银行 2019 年度发布的衡量社会贫富差距的基尼系数报告,当年美国国内基尼系数已高达 0.48,位居主要发达国家首位。而这一数字在 1990 年时为 0.38,在 1980 年时仅为 0.34,由此可见当前美国国内贫富差距之大。①

总之,以全球化背景下美国多元文化主义的勃兴为价值观基础、以美国国内人口(尤其是族裔和代际)结构的深刻调整为物理条件,以及以社交媒体时代"对立叙事"和政治"回音室效应"的兴起为技术工具和中介,美国的政党政治实践正在朝着"部落化"的方向加速演进,并且经济-阶级变量在这一过程中与此形成了强烈的共振效应。上述趋势对传统

---

① "Gini index (World Bank estimate) — United States," The World Bank, May 15, 2020, https://data.worldbank.org/indicator/SI.POV.GINI?locations=US.

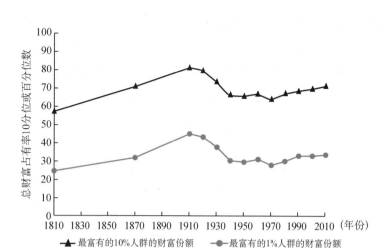

图 3　1810—2010 年美国社会贫富分化的总体态势

资料来源：Thomas Piketty, *Capital in the Twenty-First Century*, Cambridge: The Belknap Press, 2014, p.428.

的"自由主义-瓦斯普"共识框架构成了严峻挑战，使得以此为历史-社会前提的美国政党政治研究范式不仅无法适应变化了的现实，而且无法回应当前美国政治中的重大问题。笔者认为，美国政党政治实践的上述变化为构建以文化-身份要素为核心的认同范式提供了良好的理论和实践契机，可以帮助我们跳出"周期思维"的藩篱，重新审视美国政党政治演化的逻辑。

二、逻辑与结构：美国政党-选民联盟的根本转型

"我们的文化越来越趋向于两极化，这种两极化的显著特征之一是'我们-他们'的政治部落主义。'他、他们'是坏蛋，这

些人信奉的一切都是极端、错误和有害的。"①在一项由众多美国资深政治学者于2018年发起的题为"美国的隐藏部落"(The Hidden Tribes of America)的专门针对美国国内政治极化与"部落化"趋势的调查研究中,他们发现越来越多的美国人开始以对立的视角看待自身所处的政治社会环境。这一现象表明,在近年来因美国国内的"自由主义-瓦斯普"共识受到持续冲击并不断弱化而引发的美国政党政治的时代变局之下,民主、共和两党及其各自的国内政治联盟正在经历历史上前所未有的根本转型。为了理解美国政党-选民联盟的这一转型,本节将从逻辑与结构两个层面进行具体探讨。从逻辑层面看,美国两大主要政党的性质已经发生重要变化,开启了由传统的阶级型政党、中间主义政党向观念型政党、部落主义政党转型的进程,反映出美国政党-选民联盟的构建基础正在从经济-阶级利益转变为文化-身份认同。在上述逻辑的支配下,美国政党-选民联盟的结构也同步出现了两方面深刻变化:一是打破了原有的以社会阶级为纽带和底色的联盟结构,形成了跨阶级的以价值观为纽带的政党-选民联盟;二是政党政治的流动性显著下降,政党-选民联盟的结构日益固化,甚至形成壁垒森严和彼此对立的"政治部落"。

(一) 逻辑变化:从阶级型/中间主义政党到观念型/部落主义政党

长期以来,周期范式以"经济决定论"为假设、以经济-阶级要素为首要变量对美国政党政治的演化逻辑进行探索的做法,

---

① Stephen Hawkins et al., "The Hidden Tribes of America," *More in Common Report*, 2018, p. 21.

本质上是将民主、共和两党进行了一种"阶级型政党"的界定,亦即两党代表着多元化社会中以经济分化为内核的不同社会阶级的利益诉求,其中民主党及其自由主义意识形态反映的是社会中下层群体的经济利益诉求,而共和党及其保守主义意识形态反映的则是社会中上层群体的经济利益诉求。在此背景下,政党政治力量对比的变化根本上取决于美国经济内在的周期性规律。因此在实践中,经济议题往往能够左右两党竞争的结果,尤其是占美国人口大多数的中间选民群体的政治倾向大体上都是由经济因素决定的。这一逻辑催生出了围绕美国政党政治和选举政治研究的一套经典的经济理论——"唐斯定律":在一个两党竞争的选举政治结构下,政治立场越靠近中间的候选人胜算越大,因为在任何一个社会中,温和派的人数往往最多,所以越靠近中间立场就越能覆盖尽可能多的选民群体,其结果是,两个政党在政策立场上总会趋同。① 这一定律很好地解释了美国的民主、共和两党在历史上——尤其是20世纪30年代到70年代期间——所表现出的显著的中间主义倾向,这种中间主义推动着美国的政党政治始终在既有的自由主义-保守主义二分法框架中运行。因此,"中间主义政党"同样成为界定美国政党的有效标签。

然而从20世纪70年代开始,随着美国政党政治极化的不断加剧,经济议题本身越来越无法覆盖美国政党-选民联盟的全部主要关切,进而使得无论是"阶级型政党"还是"中间主义政党"都越来越难以反映和回应美国政党政治实践的重大变

---

① 参见[美]安东尼·唐斯:《民主的经济理论》,姚洋等译,上海:上海人民出版社,2005年,第4章。冷战后美国的政治、社会结构对于该定律的颠覆,参见Andrew Gelman, David Park et al., *Red State*, *Blue State*, *Rich State*, *Poor State*, Princeton: Princeton University Press, 2008, p. 3。

化。冷战后尤其是后金融危机时代以来，随着上一节提到的美国经济和社会领域中一系列中长期、深层次以及不可逆的结构性变化的出现，美国政党政治中的优先议题，尤其是那些容易引发和加剧政治极化、党派对立以及社会分裂的重大问题，已经不再来自传统的经济、就业和阶级领域，而是移民、族群、社会公正、性别和暴力等与文化-身份相关的新兴议题。① 例如，在近年来美国国内形成的"政治部落"中，有多达99%的左翼进步派和85%的传统自由派认为移民对美国的发展有利，呼吁政府在移民问题上采取更为开放的政策；相反，超过80%的右翼民粹派和近三分之二的传统保守派则反对外来移民尤其是非法移民的大量涌入，认为其威胁到了美国的国家安全和社会稳定，主张在边境地区采取更为严格和有效的控制措施。② 正因如此，围绕移民政策的分歧和斗争成为近年来美国民主、共和两党党争的核心议题和政治对立加剧的重要推手。又如，当前美国国内最引人瞩目的政治焦点是各个"政治部落"之间围绕种族平等，尤其是围绕与之相关的警察暴力执法、白人特权和"黑命贵"（Black Lives Matter，BLM）等展开的轰轰烈烈的社会抗议和政治博弈。这就表明，在这样一场愈演愈烈的族群间"文化战争"背景下，文化-身份矛盾已经成为美国政党政治中最突出也最敏感的矛盾。

美国政党政治经历的上述实践变化意味着民主、共和两党的性质正在出现根本转型：一方面，传统议题重要性的下降和新兴议题重要性的上升使得美国政党的阶级属性不断被弱化，

---

① Stephen Hawkins et al., "The Hidden Tribes of America," *More in Common Report*, 2018, p. 43.
② Ibid., p. 44.

观念属性则不断被强化，后者在左翼和右翼两个极端选民群体极高的政治活跃度和参与度及其发挥的不成比例的政治影响中体现得尤为明显；另一方面，政治极化与社会分裂的持续加剧，尤其是"自由主义-瓦斯普"共识框架的式微，使得政治中间主义越来越难以塑造和凝聚国内共识，其生存空间变得日益狭小，因此建立在周期范式基础上的"唐斯定律"的有效性大幅下降，美国政党的中间主义属性随之被部落主义属性所取代。一言以蔽之，美国政党-选民联盟的构建逻辑正在从经济-阶级要素主导演变为文化-身份要素主导；相应地，美国民主、共和两党的性质正在从阶级型/中间主义政党迅速演变为观念型/部落主义政党。

第一，美国民主、共和两党的"观念型政党"转型意味着"经济决定论"赖以存在的国内共识性框架正在受到越来越大的挑战，经济-阶级要素的首要性随之不复存在。在这一新的"后共识"时代，以多元文化主义与"瓦斯普"之间剧烈的"文化战争"为代表的观念张力成为塑造美国国内政党-选民联盟的首要力量，文化-身份要素因而成为新兴的观念型政党的理念内核。在这方面，以2016年大选中特朗普及其代表的右翼民粹主义力量的迅速崛起为典型案例，共和党已经日益转型为代表那些鼓吹和支持"瓦斯普"文化主导地位，甚至追求白人至上主义和白人民族主义力量的观念型政党，这也是所谓共和党"特朗普化"趋势的本质。在实践中，共和党政治联盟不再单纯地依靠经济-阶级议题如减税、放松金融监管和对抗福利国家体制等来维系，而更多地依靠强调本土主义和维护白人主体性等具有浓厚的价值观色彩的理念来构建。很大程度上受到共和党"特朗普化"的冲击与影响，近年来民主党在政治联盟构建方面也越来越突显价值观的重要性，只不过与共和党站在了截然相反的对立面，即拥抱多元文化主义与全球主义，抛弃了传统的工人阶级政党属性，相应地，左翼进步派在民主党内的影响力和话语权正在与日俱增。

第二，美国民主、共和两党的"部落主义政党"转向，意味着它们越来越难以寻求通过传统的"唐斯定律"所界定的中间主义施政路线获取政治上的多数党地位，转而寻求通过动员各自"政治部落"内的选民基本盘，尤其是政治参与度和活跃度极高的左翼进步派和右翼民粹派群体来实现选举获胜的政治目标。在这一过程中，两大以差异化观念和对立的部落主义所塑造的政党之间，必然产生远比历史上的党派竞争更为激烈的政治博弈和较量，并且这种博弈和较量很难通过过往物质利益交换实现政治妥协的方式达成共识，而是一种"你输我赢"，甚至"你死我活"式的零和博弈，代表了两种迥然不同的政治路线、国家发展方向，甚至文化认同。就民主党而言，左翼进步派在党内影响力的日益增强持续推动着"文化战争"议程重要性的上升，迫使以拜登为代表的党内温和派变得越来越激进，推动民主党朝着左翼部落主义政党的方向加速演化。就共和党而言，右翼民粹派的崛起则在更大程度上对该党进行了改造和重塑，推动其朝着右翼部落主义政党的方向加速演化。例如，在2024年美国总统大选的共和党内初选阶段，以特朗普和共和党内政治新星、佛罗里达州州长罗恩·德桑蒂斯（Ron DeSantis）为代表的右翼民粹派的支持率遥遥领先于其他候选人，这就表明共和党在右翼民粹主义道路上正越走越远。

(二) 结构变化一:"跨阶级"政党-选民联盟的形成

在上述逻辑变化的支配下,冷战结束尤其是后金融危机时代以来,美国政党-选民联盟的结构相应地出现了深刻变化,其主线之一就是跨阶级联盟的构建正在成为一种新常态。这一新常态反映出文化-身份矛盾正在超越经济-阶级冲突成为美国政党政治演化的首要核心变量。具体而言,近年来在美国国内白人至上主义思潮泛滥的背景下,白人蓝领群体所表现出的日益显著的"跨阶级投票"行为成为共和党打造的"跨阶级"政党-选民联盟的成功案例。众所周知,自20世纪30年代的罗斯福新政开始,白人蓝领群体作为美国社会在阶级意义上的中下层代表,在传统的"经济决定论"逻辑以及经济-阶级要素的驱使下,一直都是民主党构建的政党-选民联盟的重要组成部分,并帮助民主党在长达数十年的时间里成为美国政治中的多数党(例如,民主党曾在1934—1994年长期占据着国会众议院的多数席位)。然而冷战结束尤其是后金融危机时代以来,在白人蓝领群体的政党政治认同中,"白人"身份开始逐渐超越"蓝领"定位,成为首要的影响因素。① 结果是,在2016年的美国总统大选中,白人蓝领群体成为特朗普入主白宫的最为关键的支持力量和基本盘。这就意味着对于这一群体来说,文化-身份要素已经取代经济-阶级变量成为影响其政治态度的首要因素。在基于文化-身份的"白人"与基于经济-阶级的"蓝领"两种认知之间,这一群体逐渐选择了前者。尽管2020年大选

---

① 王浩:《"特朗普现象"与美国政治变迁的逻辑及趋势》,《复旦学报(社会科学版)》2017年第6期;刁大明:《2020年大选与美国民主党的转型》,《国际论坛》2020年第6期。

后,胜选的拜登宣称民主党在白人蓝领群体中"重建了蓝墙"(rebuild the blue wall),但前文提到的冷战结束后近三十年来的历史演变趋势很难被疫情和经济等短期冲击所逆转,尤其是如果考虑到拜登作为自身反复宣称的"过渡性人物",无法代表民主党的未来,那么一个更趋激进和更具多元文化主义及进步色彩的民主党势必将与白人蓝领群体渐行渐远。①

从这个意义上讲,2016年以来美国政党政治中备受关注的"特朗普现象"的本质,就是共和党开始超越传统的阶级壁垒,与白人蓝领选民结成新的政治联盟以争取实现政治多数地位的目标。按照本书构建的分析框架,这一现象出现的根本原因就在于"去周期化"的美国政党政治不再以经济-阶级矛盾为推动其演化的首要变量,而是更多建立在由文化-身份所界定的价值观认同基础上。同样的趋势也出现在近年来民主党的内部转型之中。面对"特朗普现象"的冲击、2016年大选的失利和美国政党政治的新图景,民主党也在逐渐抛弃一直以来的"工人阶级政党"或"中下层政党"等标签,转而开始拥抱建立在价值观认同基础上的身份政治。这一转型给美国政党政治的演化带来了至少两个方面的重要影响。一是对于身份政治的强调在一定程度上弥合了民主党内不同"政治部落",尤其是温和派与左翼进步派、传统自由派之间的裂痕,找到了各个派系之间的"最大公约数",有利于该党的整合与团结。但与此同时,这一取向也意味着民主党在未来的美国政党政治格局中将彻底失去以白人蓝领阶级为代表的传统政治同盟力量,从而客

---

① "President-elect Joe Biden Speech After Winning 2020 Election," Praise 100. 9, Nov. 8, 2020, https://praisecharlotte.com/1247604/video-president-elect-joe-biden-speech-after-winning-2020-election/.

观上帮助强化了"特朗普化"的共和党对于这一群体的吸引力,使自身越来越成为一个"非白人化"和"少数族裔化"的政党。① 如此一来,一个不再由经济-阶级要素定义的民主党,其国内政治基础将同样建立在"跨阶级联盟"之上,其中由受教育程度较高的自由派精英和知识分子、少数族裔/外来移民以及城市人口所组成的具有全球主义-多元文化主义价值观倾向的群体将成为中流砥柱。②

二是一个越来越拥抱身份政治和"跨阶级联盟"的民主党将不可避免地在党内精英层面(包括总统、国会议员和地方政治领袖等)呈现出在族裔、文化、性别等各个领域的多元化甚至进步主义特征,从而加剧美国政党政治的"部落化"趋势。早在奥巴马竞选总统期间,非裔美国选民投票率的大幅提升就已经表明了打"身份政治牌"的有效性。③ 而在 2020 年美国大选中,这一趋势出现了进一步强化的态势:在民主党总统候选人的初选阶段,具有非洲裔和女性双重身份的候选人卡马拉·哈里斯(Kamala Harris)、拉美裔候选人朱利安·卡斯特罗(Julian Castro)以及候选人皮特·布蒂吉格(Pete Buttigieg)都给人留下了深刻印象,甚至在很大程度上代表了民主党的未来。④ 最

---

① 参见刁大明:《2020 年大选与美国民主党的转型》,《国际论坛》2020 年第 6 期。
② Michael Lind, "This is What the Future of American Politics Looks Like," *Politico*, May 22, 2016, http://www.politico.com/magazine/story/2016/05/2016-election-realignment-partisan-political-party-policy-democrats-republicans-politics-213909.
③ Amir Shawn Fairdosi and Jon C. Rogowski, "Candidate Race, Partisanship, and Political Participation: When Do Black Candidate Increase Black Turnout?" *Political Research Quarterly*, Vol. 68, No. 2, 2015, pp. 337-349.
④ Ronald Brownstein, "Kamala Harris's Nomination Is a Turning Point for Democrats," *The Atlantic*, August 2020.

终,哈里斯被拜登确定为竞选搭档并成为美国历史上首位女性以及非洲裔副总统,更被视为在拜登竞选过程中帮助其斩获非洲裔选民选票的最大功臣。① 可以预计,民主、共和两党各自基于文化-身份认同的"跨阶级联盟"的形成,必将进一步疏远彼此间的距离,加深彼此间的鸿沟,最终使美国政党政治的极化困局更加难解。

(三) 结构变化二:"部落化"联盟的生成与政党-选民联盟流动性下降

同样在上述逻辑变化的支配下,美国政党-选民联盟所呈现出的第二重结构性变化为"部落化"联盟的生成,使得政党-选民联盟的流动性正在显著下降。这一趋势在以下两方面实践例证中体现得尤为明显。第一,近年来美国总统和国会选举中的"分裂投票"(split vote)持续创出新低,意味着政党-选民联盟正在不断趋于固化。分裂投票一般指的是选民在美国以单一选区制为特点的选举制度下,将选票投给不同政党的候选人的行为。例如,相当数量的选民可能在总统选举和国会选举同时进行的背景下,将总统票投给某一党,将国会票投给另一党;也可能在国会选举单独进行时,将所在州的两名参议员席位分别投给两个政党。这种行为反映出历史上美国的政党-选民联盟并非铁板一块,而是具有较高的流动性和灵活性,即选民在某些议题领域可能倾向于支持民主党,但在另外一些议题领域又可能倾向于支持共和党。另外,这种行为也反映出前文提到的美国社会中长期存在的两种传统政治诉求,即共和党能

---

① Kat Stafford, Aaron Morrison and Angeliki Kastanis, "'This is proof': Biden's win reveals power of Black voters," AP News.

够更大限度满足的自由-安全诉求和民主党能够更大限度满足的公正-平等诉求。① 然而近年来,分裂投票现象在美国的政治选举中变得越来越稀有。随着"红州"和"蓝州"价值观鸿沟的增加和政治对立的不断强化,来自两大"政治部落"的政治精英——无论是总统还是国会议员——几乎在地方选举中清一色地归属于同一党派,结果是摇摆州的数量持续下降并日益集中于某一两个区域中的少数州,进而推动两党纷纷在这些地方投入了不成比例的选举资源,尤其是大量竞选资金,最终使这些州发挥了远远超过其人口占比的政治、社会影响。此外,政党-选民联盟流动性的下降还鲜明地体现在国会选举中两党的议席转换数量大幅下降。在 2022 年的美国国会中期选举中,尽管拜登政府在选前面临民调支持率异常低迷和执政政绩乏善可陈(尤其是通货膨胀高企引发民众不满)等诸多不利因素,但在野的共和党也仅以十分微弱的多数席位取得了国会众议院的优势地位,众议院议席转换数量创下近百年来的新低,远低于大多数观察家在选前的普遍预期。② 这就表明,美国政党-选民联盟的流动性在日趋"部落化"的政党政治结构下变得极为缓慢。

第二,以近年来备受关注的特朗普刑事案为代表,美国因党派斗争产生的分裂性影响揭示出美国政党政治正变得日益"部落化",政党-选民联盟的流动性趋于弱化。在此背景下,不

---

① 周琪主编:《意识形态与美国外交》,第 234 页。
② 在此次中期选举中,民主党保持并略微扩大了在国会参议院的多数席位,与共和党形成了 51∶49 的格局;共和党则取得了在国会众议院的微弱多数席位,与民主党形成了 222∶213 的格局。按照美国知名智库布鲁金斯学会的统计和研究,从国会两院席位的得失数量来看,此次中期选举是 88 年以来总统第一任期内执政党表现最好的一次中期选举。参见 https://www.brookings.edu/articles/what-do-the-2022-midterms-mean-for-2024/。

同政治、社会群体在几乎所有重大的国内议题上都无法达成共识或妥协，往往依据自身的身份认同和价值理念形成政党归属，使得政治博弈成为类似于部落战争的"你死我活"斗争。在实践中，这一"部落化"趋势表现为两党政治精英同各自支持群体之间越来越以身份政治和价值观认同为纽带，而非具体的经济、社会政策理念，这就形成了对包括特朗普在内的美国政客的分裂性政治认知，即支持者近乎无条件支持，反对者近乎无条件反对，而社交媒体的兴起和民粹主义的泛滥进一步加剧了这种趋势。在特朗普被指控案发生后，不仅大量特朗普的支持者在法庭外进行抗议示威，特朗普在共和党内的民调支持率也不降反升。① 更有甚者，在特朗普"预告被诉"后三天内，其竞选团队还是能够持续地筹集到大量捐款。不少分析者认为，这一事件反而会助推特朗普 2024 年的选情。由此可见，"部落化"和共识缺失已使美国政党政治进入"后真相时代"，其中是非对错本身远不及价值认同重要。这就表明，美国的政党政治逐渐步入一种钙化状态——两大势均力敌、彼此对立的政治阵营正在变得日益僵化和固化，政客的执政成绩不再成为国内政党政治力量对比变化的最重大影响因素。历史上，美国一直标榜的政治民主的一个重要前提就是民众可以通过选举投票和公共舆论等方式影响和决定谁是这个国家的合格管理者，而合格与否的基本评判标准就是执政成绩。而近年来，包括前文提到的拜登乏善可陈的执政成绩和低迷的民调支持率都未能导致民主党在 2022 年国会中期选举中受到"应有惩罚"，以及特朗普因刑事指控而卷入各类风波却始终得到政治基本盘以及

---

① 相关民调数据参见 https://www.realclearpolitics.com/epolls/2024/president/us/general-election-trump-vs-biden-7383.html。

"铁粉"的稳固支持等案例,都反映出基于文化-身份要素的政党认同内在的极端化、对立化和固化趋势,这一趋势构成了当前美国政党-选民联盟结构性变化的重要特征。

三、美国政党政治研究的范式创新与认同范式的构建

在对当前美国政党政治发展所面临的深层次结构性变化进行梳理和探讨的基础上,本节将尝试构建美国政党政治研究的认同范式。概言之,与传统的周期范式建立在以"自由主义-瓦斯普"为共识框架的美国经济变迁的周期性逻辑之上,并以经济-阶级要素为核心变量的理论假设类似,美国政党政治研究认同范式的构建,则以"自由主义-瓦斯普"共识的不断弱化、政党政治"部落化"态势的持续强化连同其导致的政治"去经济化"逻辑和美国政党-选民联盟的根本转型为新的历史-社会条件,以文化-身份矛盾超越经济-阶级冲突成为美国政党政治演化的核心变量为新的理论假设。在实践中,上述理论假设和分析逻辑能够通过多重事实论据加以验证和推导,我们进而可以以此为基础梳理出新的认同范式下美国政党政治研究的五个方面核心要点。

(一) 美国政党政治演化的新逻辑:从经济周期驱动到观念冲突主导

在文化-身份矛盾成为推动美国政党政治演化的首要变量的理论假设下,美国政党政治的演化逻辑已经从经济周期驱动型转变为观念冲突主导型,因而过往政治实践中以"合众为一"

为前提的利益博弈逐渐被"美国是谁的美国"这一形而上的观念分歧与冲突所取代。随着美国政党政治"部落化"趋势的愈加明显和突出,所谓"个体即政治"(the personal is political)的极端理念导致不同群体在文化认同和意识形态等领域的冲突逐渐加剧和拓展,政治极端主义随之在美国迅速生成,甚至呈现出碎片化特征。① 面对这一挑战,美国国家认同的核心问题已转变为"美国是谁的美国"——到底是传统的以白人为主体的"瓦斯普"文化所主导的美国,还是少数族裔和多元文化主义掌握话语权的美国,抑或能够成为所有"美国人"的美国? 对于这一问题的不同回答,深刻折射出在后"自由主义-瓦斯普"共识下,美国国内各类"次群体"政治认同对美国国家认同的解构。在认同范式看来,这一问题不仅是美国政党政治演化所经历的时代变局的核心,而且从更大范围来看,也将深刻塑造美国的国家发展前景。

换言之,在认同范式的分析框架下,美国政党政治正步入所谓"后共识"时代,"部落化"的政党政治结构使得哪怕在出现经济、社会危机的极端背景和条件下,美国的各个"政治部落"都无法达成令各方满意的阶段性共识,故而何来政党政治周期的形成? 周期得以存在的基本前提是美国国内不同的政党及其政治联盟在某个历史阶段能够围绕国家发展方向及其具体政策路径形成一个大体的政治共识,并以此循环往复。然而,这种共识的构建在当前的结构和环境下已变得遥不可及。因此,在笔者看来,上述变化已令美国政党政

---

① 参见刁大明:《身份政治、党争"部落化"与 2020 年美国大选》,《外交评论》2020 年第 6 期;孔元:《身份政治、文明冲突与美国的分裂》,《中国图书评论》2017 年第 12 期。

治的演化无法再用任何周期性的概念和逻辑进行阐述。以此为背景,未来美国政党政治演变中必须要应对的一个根本问题,即"合众为一"中的"众"与"一"的关系问题。① 前文的逻辑和论述表明,这个"一"已无法回到过去"自由主义-瓦斯普"共识框架下由白人主导的认知共同体,那么如何以新的方式去界定这个"一"并达致一种新的"合众为一",避免因认同危机而出现更大的政治分裂,将是美国政治和社会面临的根本挑战。

(二) 美国政党政治演化的新常态:"后周期"的格局漂移与政策短视

经济-阶级因素重要性的下降使美国政党政治的演化步入了"后周期"的新常态。这一新常态意指在文化-身份矛盾开始主导美国政党政治实践演化的背景下,经济的周期性运行将难以对美国政党政治的走向产生决定性影响,其原因在于基于价值观认同的政党-选民联盟的稳定性建立在观念基础上,经济要素的变化不再是影响政治态度和偏好的首要变量。这就解释了为何冷战结束以来美国的数次经济、社会危机都未能催生出国内政党-选民联盟的分化、重组和新的政治周期的到来,反而在一定程度上进一步固化了美国以文化-身份为纽带的政党-选民联盟格局。②

换言之,当前美国国内的政治博弈已经演变为不同政党甚

---

① [美]哈罗德·伊罗生:《群氓之族:群体认同与政治变迁》,邓伯宸译,桂林:广西师范大学出版社,2015年,第342页。
② 参见 Donald Green, Bradley Palmquist and Eric Schickler, *Partisan Hearts and Minds: Political Parties and the Social Identities of Voters*, New Haven: Yale University Press, 2004。

至"政治部落"间围绕国家发展方向的"路线之争",在这一由观念性认同带来的重大分野下,选民尤其是极端派选民对经济问题的容忍度会明显提高。例如,在2020年大选期间,尽管特朗普政府由于应对新冠疫情不力而在短期内引发了美国经济的迅速衰退和失业率的骤然上升,但其政治基本盘并未因此受到冲击,特朗普所获来自选民的普选票也创下了历史第二的纪录,达到7 400多万张。又如,前文提到的2022年美国国会中期选举中民主党的超预期表现,也表明拜登政府糟糕的经济成绩单未能帮助共和党掀起选前预期的所谓"红色浪潮"。这些事实都反映出了"后周期"的美国政党政治具有的新特征。基于此,美国政党政治的演化将逐步摆脱经济周期性规律的影响,其运行将变得更为复杂。

在政治实践中,当前美国国内日趋极化和对立的两大政党及其各自政治联盟势均力敌的现状,使得美国政党政治难以形成稳定的基于共识的政治格局,因而政治格局的漂移性连同由此带来的公共政策的短视性将成为新常态。一方面,政治格局的漂移性指的是美国政党轮替执政的速度和频率都会进一步加快,并且由于双方在几乎所有重大政策领域都形成了相反的价值理念,因此政治格局将变得极不稳定。另一方面,上述态势还将使得民主、共和两党政治精英的政策制定出发点难以聚焦于对国家发展有利的中长期规划,而是选择通过极端的、带有短视性的政策对各自的基本盘进行动员以增强其国内政治基础,从而随着政党轮替执政而引发巨大的政策变动。

(三) 美国政党-选民联盟构建的新基础:强化对立而非寻求妥协

在认同范式看来,近年来美国两大政党之间建立在文化-身份基础上的政治对抗,使不同"政治部落"之间的利益交换难度大幅增加,从而导致政党极化这一美国政治的顽疾愈发难解。① 在美国历史上,由经济-阶级要素引发的国内政治冲突的解决,可以通过政府对经济的宏观调控的介入以及经济发展方式的转变来实现。例如,罗斯福新政的成功就在于1929—1933年的"大萧条"暴露出古典自由主义的一系列深层次弊病,尤其是自由放任的经济发展模式极易引发经济危机,导致社会贫富差距拉大,因此新政时代的开启和国家资本主义模式的出现在很大程度上解决了经济危机和贫富分化的难题,从而极大缓解了社会不同阶级的矛盾,实现了国家的稳定发展。又如,里根革命的成功则在于其解决了20世纪六七十年代美国国家资本主义路径的过度发展——尤其是其引发的福利国家困境和经济滞胀危机——带来的各类社会矛盾,释放了美国经济尤其是市场活力,进而使美国政党政治的发展进入一个新的阶段。可以说,上述实践模式成为基于周期范式的研究得以成立的基本前提。

然而,在文化-身份矛盾开始主导美国政党政治演化的新背景下,不同社会群体之间的政治冲突的核心不再是单纯的经济利益分配问题,而是更深层次的价值观、意识形态和认同问题,是"我们与他们"的对立问题。这就导致各方取得政治共识

---

① 谢韬:《从历史的终结到美国民主的衰败》,《当代世界》2017年第1期。

的难度大幅上升,进行政治妥协的空间显著缩小,进而使得政治对立和分化很容易陷入一种螺旋式上升的困境之中,因为价值观对立很难通过经济利益交换达到缓解,反而会随着"对立叙事"的发展而不断强化。基于此,如果以认同范式的视角观察近年来美国政党政治的演变,就不难理解政治学者弗朗西斯·福山在其2014年出版的《政治秩序与政治衰朽》一书中所提出的"否决政治"(vetocracy)这一概念,即在一个日益极化的政党政治结构中,美国政治的游戏规则已经演变成"否决为上、治理为下、党争不断、效率低下"①。这一局面的出现并非国内政治精英非理性选择的结果,而恰恰是他们基于自身政治利益理性计算的产物。当然,这种短期的个人及党派政治理性对于国家的中长期发展而言意味着非理性。在认同范式看来,政治妥协所带来的联盟弱化风险在华盛顿精英政治意识中的重要性远远高于政治僵局和"政治部落"间对立引发的消极后果。更有甚者,在这一逻辑的支配下,美国政党政治在特朗普政府和拜登政府执政期间的最新发展已经进一步超越了"否决政治"的范畴,并上升到了两党之间"报复性政治"的程度,由此使得美国的政治生态进一步恶化。同时,"报复性政治"大行其道也鲜明地反映出美国政党政治"部落化"的新趋势。对此,本书下一章将进行具体讨论。

(四)美国公共政策博弈的新趋势:"身份化-部落化"不断强化

围绕国内公共政策走向的辩论和博弈一直以来都是美国政

---

① Francis Fukuyama, *Political Order and Political Decay: From the Industrial Revolution to the Globalization of Democracy*, New York: Farrar, Straus, and Giroux, 2014, p. 505.

党政治实践的热点问题。在传统的周期范式下,无论是关键性选举/政党重组理论论述的政党力量对比变化带来的公共政策转向、历史钟摆模式强调的公共利益与私人利益两种政策取向之间的循环往复,还是渐进改良主义笔下的古典自由主义/"反政治权力"和当代自由主义/"反经济权力"两类意识形态主导的公共政策观,都表明经济-阶级矛盾在其中发挥着决定性作用。概言之,美国历史上的国内公共政策博弈始终围绕着与经济-阶级要素相关的议题展开,尤其是税收、就业和社会福利。然而,在文化-身份矛盾成为新的推动美国政党政治演变的首要变量的基础上,公共政策博弈的经济-阶级属性正在弱化,文化-身份属性趋于增强,因而国内公共政策博弈的"身份化-部落化"趋势将成为未来中长期美国政党政治研究中的一个重要领域。

第一,在实践中,公共政策博弈的"身份化-部落化"趋势表现为美国政党政治核心议题优先性的转换。在2020年的美国总统大选中,两党党争的最大焦点已不再是税收、就业和福利等传统议题,而是带有十分强烈的身份和部落色彩的移民、控枪、族群冲突、气候变化和社会公正议题。即使面对新冠疫情这一大选的"黑天鹅"事件,两党也表现出立场的"身份化-部落化"倾向,使抗疫问题不断被"政治化""党派化",由此成为当前美国政党政治生态极端恶化的真实写照。例如,疫情期间关于是否佩戴口罩和进行防疫封锁等问题,在美国已非科学问题的范畴,而变成了一个重要的政治问题。

第二,公共政策博弈的"身份化-部落化"趋势还表现在不同的政治群体在上述核心议题领域观点和态度的两极化与不可调和性。例如,在移民问题上,不仅左翼进步派和传统自由派高度一致地对更为开放的移民政策持积极的立场(分别高达

99%和85%的比例),而且近三分之二的温和派和近四分之三的消极自由派同样在这一问题上抱持积极态度。然而另一方面,无论是传统保守派还是右翼民粹派,都认为移民是对美国国家安全和社会稳定的主要威胁,持有这一观点的比例在这两个群体中分别高达64%和81%。又如,在族群关系和警察暴力执法的问题上,92%的左翼进步派和超过三分之二的传统自由派认为,政府对种族歧视和警察暴力执法等问题的重视远远不够;相反,94%的右翼民粹派则认为,人们对种族歧视问题表现得太过敏感甚至反应过度,警察在执法过程中的行为通常是合理、必要和正确的。①

总之,当前美国国内公共政策博弈的上述"身份化-部落化"取向,已经超越了传统意义上的经济理性,成为价值观认同的一部分。其带来的政治效应除同样强化了不同群体之间的对立和极化外,还在很大程度上降低了美国国内公共政策讨论的质量,把复杂的经济、社会议题简单地归因于身份差异。② 结果是,美国国家治理水平的下降和治理效率的低下问题在近年来不断突显,这一点在新冠疫情爆发期间更是暴露无遗。

(五) 美国政党政治实践的新特征:"后共识"与"无多数联盟"格局定型

回顾历史,周期范式的有效性根本上建立在"自由主义-瓦斯普"共识性框架下的经济周期基础上,这一逻辑在政治实践中表现为在资本主义经济发展的不同周期内,美国国内总能形

---

① 以上调查数据来源于 Stephen Hawkins et al., "The Hidden Tribes of America," *More in Common Report*, 2018, pp. 44-50。
② 陈金英:《美国政治中的身份政治问题研究》,《复旦学报(社会科学版)》2021年第2期。

成在政治上占据多数地位的政党-选民联盟,并将符合其利益诉求的政策主张运用于执政过程。首先,在自由资本主义周期内,美国尚未形成现代意义上的两党制政治体制,但古典自由主义的基本理念成为国内不同党派政治精英高度一致的共识,从而有效推动了这一阶段美国资本主义经济的高速发展。其次,在垄断资本主义周期内,随着民主、共和两党差异化的基本理念及其政治联盟的形成,美国的经济发展模式和社会治理理念如何产生便取决于哪个政党-选民联盟能够成为国内多数联盟。显然,共和党及其东北部-西部联盟成为这一时期的国内多数联盟,因而古典自由主义的基本理念和主张得以延续,甚至进一步发展。最后,在国家资本主义周期内,随着古典自由主义的破产和当代自由主义的崛起,美国国内的多数联盟再度转换,演变为民主党及其代表的东北部-南方联盟,并且共和党在此期间与民主党在多数国内议题上能够达成重要共识和妥协,因而美国在此期间以政府宏观调控、福利国家构建和社会平权改革等为代表的一系列经济、社会发展趋势成为这一多数联盟利益诉求的体现。

20世纪70年代以来,随着美国进入金融资本主义阶段、政党政治极化不断发展,以及两大政党-选民联盟之间势均力敌格局的形成,美国政党政治中多数联盟的构建变得越来越困难。后金融危机时代以来,无论是奥巴马政府时期为应对金融危机而试图打造的民主党多数联盟,还是特朗普政府时期借民粹主义和本土主义兴起而试图打造的共和党多数联盟,以及拜登政府执政以来试图打造的以美国中产阶级为主体的民主党多数联盟,都在实践中遇到了巨大的阻力,难以复制历史上的成功经验。在认同范式看来,由于建立在不同文化-身份基础上的"两个美国"的形成,尤其是政党政治"部落化"趋势的日益突显,美国政治已处于"后共识"阶段。随着国内共识构建的难度越来越大,"对等极化"的两大政党-选民联盟都无法使自身成为稳定的国内多数联盟,这就导致"后共识"时代的美国迎来了"无多数联盟"阶段。随着"经济-政治周期联动论"的失效,这一"后共识"结构的打破将变得更为困难,将取决于美国人口结构的进一步调整以及"文化战争"双方力量对比的决定性变化等中长期、结构性因素。

(六) 小结

综上所述,美国政党政治研究范式的创新与认同范式的构建,更为敏锐地抓住了美国政党政治正在经历的时代变局及其在实践发展演变中的主要矛盾,更好地对当前美国政治中新的重大现象和趋势进行了回应,并尝试回答了困扰周期范式的一系列新问题。在这一创新性研究范式的构建过程中,新兴的文化-身份因素被视为比传统的经济-阶级因素更为关键的影响政党政治走向的变量。当然需要指出和强调的是,认同范式的构建并不等同于否认经济-阶级变量在美国政党政治研究中的作用,并且承认对于占据美国人口大多数的中间力量而言,经济因素仍然在决定其政治立场和投票行为的过程中发挥着重要作用。然而,一个十分重要的实践问题在于,在美国政党政治日益"部落化"的背景下,左翼和右翼的政治活跃分子(尤其是左翼进步派和右翼民粹派)产生了不成比例的政治、社会影响,并深刻塑造了民主、共和两党的价值取向和政策议程,因而从政党政治尤其是选举政治的角度看,文化-身份矛盾已经超越经济-阶级矛盾成为美国政党政治演变中的首要矛盾。

第四章
认同范式与美国政党政治研究议程的重置

社会科学研究范式的创新往往兼具理论价值和实践意义。就认同范式的理论价值而言,它颠覆了传统的基于周期范式的各类理论和研究路径对美国政党政治演化逻辑的理解,抓住了文化-身份要素这一新的主要矛盾,并以此构建起了一个以"部落化"为主线的美国政党政治分析新框架。就实践意义而言,认同范式的构建则致力于对美国政党政治的研究议程进行重置,从而更好地回应美国政党政治正在经历的时代变局。其中,政党政治理念变迁、政党政治结构变迁、政党政治议题变迁、政党政治生态变迁与政党政治整合前景五个部分构成了这一重置后的研究议程的主体,也是我们理解美国政党政治大变局在实践中的具体表现、演进特征以及发展趋势等重要问题的有效切入点和观察窗口。

一、美国政党政治的理念变迁
——超越"自由-保守"之争

美国政治史上,以自由主义和保守主义为代表的两种主流意识形态之间的角力一直存在,它们成为差异化的美国政党政治理念的集中反映。然而,上述意识形态分野存在的前提如前面章节所述,是"自由主义-瓦斯普"共识框架下被"经济化"了的政党政治理念。进入"后共识"和"后周期"阶段后,以文化-身份矛盾为首要动力、以"部落化"为核心趋势的美国政党政治的演化,使得美国国内不同群体之间的意识形态冲突被进一步大幅度地激化了,这种冲突已经超越了传统的自由主义-保守主义二分法框架,使得过往的美国政党政治理念在解释近年来的一系列最新实践时,开始暴露出日益显著的局限性。上一章已对这一现象出现的深层原因进行了系统论述,这里将主要聚焦其在美国政党政治理念的变迁实践中值得关注的两方面重要新动向:一是在冷战结束后全球化加速发展的过程中美国政党政治理念结构所发生的"外部化"(externalization)变化;二是在步入"后周期"和"后共识"阶段后美国政党政治理念伴随政治"部落化"趋势的愈演愈烈而日益呈现出的极端化取向。

(一)全球化、逆全球化与美国政党政治理念的"外部化"趋势

近年来,美国国内政党政治理念博弈的"外部化"趋势,指的是不同"政治部落"之间的意识形态冲突在冷战结束后全球化进程不断加速和深入推进的背景下开始融入了"全球主义"(globalism)与"本土主义"(nativism)之争——其根本分歧在于对全球化的态度——的新元素和新意涵,这一变化不仅使美国政治意识形态的结构更为复杂,也导致全球化进程遭遇了几乎前所未有的逆流和挑战。历史上,"自由主义-瓦斯普"共识框架不仅有其国内政治、社会意涵,也蕴含着对于全球主义理

念的偏好和支持，否则美国不可能在短短两百余年的时间里便发展成为全球最大的移民国家。尽管本土主义思潮在美国历史上时有出现，但始终无法构成对全球主义这一内嵌于"自由主义-瓦斯普"共识框架的主流价值观的挑战。然而在当前美国政党政治正在经历时代变局的背景下，随着"自由主义-瓦斯普"共识的不断弱化，美国国内的本土主义思潮再度兴起，并在历史上首次与占据主流地位的全球主义形成分庭抗礼之势，进而导致美国的国内政治意识形态纷争增加了一个重要的新维度。在实践中，自由主义者（尤其是其中的左翼进步派）越来越认同全球主义的理念，而保守主义者（尤其是其中的右翼民粹派）则更多地成为本土主义者。鉴于这两种新的意识形态要素对美国政党政治的演变产生的重要影响，我们有必要厘清其各自的内涵及发展脉络。

第一，全球主义是近代以来深刻塑造人类社会发展进程的一股强大思潮和意识形态，其基本倾向是将世界理解为一个整体，认为全球范围内的移民流动、自由贸易和多边合作是应有之义，全球治理议题应该受到各国重视。① "二战"结束以后，全球主义在世界范围内开始真正盛行：随着美国成为首屈一指的超级大国和美苏冷战的开启，美国的全球战略趋于成型，并日益紧密地服务于其霸权地位。20世纪70年代以后，和平运动和环保运动等的兴起使人们对全球问题的关注度不断提升，全球主义随之成为一个流行概念，并逐渐独立于美国的全球战略框架，成为一个自主的议题领域。冷战结束后，经济全球化时代的到来和加速推进更是使全球主义的影响达到顶峰。然

---

① Paul James, *Globalism*, *Nationalism*, *Tribalism: Bringing Theory Back In*, London: Sage Publications, 2006.

而 2008 年国际金融危机爆发以后,全球主义似乎开始变得问题丛生,其直接原因在于全球化的发展呈现出了日益显著的结构性失衡趋势,如全球产能过剩基础上的贫富分化加剧,跨境人口流动加速造成的难民危机和族群冲突,全球气候危机的出现和生态环境的破坏,以及大规模传染疾病肆虐等。在美国国内,上述问题在后金融危机时代的政治、经济和社会发展中都有鲜明的体现,特别是以"占领华尔街"为代表的抗议贫富分化加剧的社会运动、美墨边境日益严峻的非法移民问题以及气候变化带来的挑战加剧和新冠疫情爆发等。如果我们透过现象分析上述问题的本质,可以发现全球主义这一理念本身并没有错,真正的问题在于美国等西方发达国家在冷战结束后主导的全球主义模式存在深刻弊病,这种弊病植根于冷战结束后被美国奉为圭臬的新自由主义以及"华盛顿共识"。20 世纪 90 年代以后,"华盛顿共识"经历了由克林顿政府发起、由小布什政府和奥巴马政府进行继承和延续的过程。在其构想中,全球一体化的趋势不可阻挡,国家之间的边界将逐渐模糊,甚至最终消失,文化差异将让位于所谓西方的普世价值。可以说,正是美国和西方主导的这一轮全球化催生出了同样发轫于这些国家的本土主义思潮的强烈反弹。

在实践中,冷战结束后美国国内的全球主义理念开始日益与传统的自由主义意识形态相结合,使得自由主义逐渐具备了"外部化"的意涵。这一趋势形成的背景为冷战结束后美国人口结构出现的深刻变化,即上一章提到的族裔结构和代际结构的剧变。首先,随着少数族裔和外来移民在美国人口中所占比重的加速提升,这一在意识形态/价值观光谱以及"政治部落"意义上大多属于左翼进步派和传统自由派的群体的政治认同往往包含对全球主义理念的支持,因为他们本身就是这一理念及其实践进程的受益者,并且这一理念及其实践进程对于多元文化主义的兴起特别是对作为美国政治和社会中处于边缘地位的上述群体权利的伸张起到了重要的推动作用,有助于突破传统的"自由主义-瓦斯普"共识框架下白人盎格鲁-撒克逊新教精英在美国政治和社会中的主导地位。

其次,人口结构在代际意义上的变化也使得全球主义理念在美国国内具备了更为广泛的认同基础。正如上一章论及的,以"千禧一代"和"Z世代"为代表的美国青年人群的左翼进步主义色彩更为浓厚,他们关注的议题往往指向具有"后现代"特征的全球主义议题,如气候变化、社会公正以及族裔关系等。因此,美国人口结构的变化为全球主义在其国内影响力的保持甚至上升提供了现实条件,进而深刻影响甚至塑造了民主党尤其是其中的进步主义力量的政治理念。

最后,除了上述结构性因素以外,自由主义与全球主义的结合还是美国政治精英尤其是建制派政治精英政策导向的产物。冷战结束后,随着"华盛顿共识"的形成和"历史终结论"的出现,美国国内政治与外交政策之间的界限日益模糊,这就使得自由主义的叙事框架成为美国向海外推广其政治体制、护持其全球霸权的重要话语基础,由此使得全球主义的意识形态取向成为一种必然。与此同时,新自由主义的经济理念相较于传统的古典自由主义/保守主义的一大突出特点就是强调跨国资本流动和金融国际化对于美国经济霸权护持的重要作用,因而全球主义在经济意义上成为服务于美国国内以华尔街为代表的精英群体利益诉求与政策偏好的意识形态工具。

历史基础、人口基础和政策基础三方面要素提供了阐释冷战结束后全球主义理念在美国国内持续拥有广泛政治和社会影响的条件，以及这一理念与自由主义意识形态相结合并使之产生"外部化"趋势的原因。在政党政治实践中，随着美国政党政治日益显著地朝着"部落化"和"碎片化"方向演变趋势的形成，自由主义与全球主义的结合成为民主党尤其是其中的左翼进步派和部分传统自由派信奉的价值理念和惯用的政治武器，并进而发展为一种"政治正确"。

第二，本土主义从广义上看是指认为本国居民比外来移民更重要，因而对"新来者"采取敌视和反对的观念与态度，同时致力于采取优先保护本国国民利益的一系列政策的价值理念。① 美国历史学者阿兰·克劳特（Alan Kraut）认为，本土主义在美国有着悠久的历史，其根源是对外来者的恐惧——恐惧他们与本国民众竞争就业机会、公共服务，恐惧他们带来不同的政治、社会和宗教理念，挑战本地原有的思想和文化。② 具体而言，美国历史上形成的本土主义所指向的本国人就是13个英属北美殖民地居民的后裔——盎格鲁-撒克逊新教群体，因此美国的本土主义本质上反映出了"瓦斯普"文化对于其主导地位被外来文化影响削弱的一种根深蒂固的担忧甚至恐惧心理。按照另一位美国学者保罗·克雷默（Paul Kramer）的研究，美国的本土主义带有十分矛盾的两面性心理：一方面，本土主义者往往自视甚高，带有强烈的心理优越感，并因此厌恶外来者；另一方面，这一群体却很容易产生心理脆弱感，给外来者贴上"侵略"和

---

① Hans-Georg Bets, "Facets of nativism: a heuristic exploration," *Patterns of Prejudice*, Vol. 53, No. 2, 2019, pp. 111-135.
② Alan Kraut, *American Immigration and Ethnicity: A Reader*, New York: Palgrave Macmillan, 2005.

"污染"的标签,把自己定位为需要保护的弱势群体。① 对此,吉拉德·弗里德曼(Gerald Friedman)指出,美国国内的本土主义观念在白人、基督教新教徒、生活在远离东西海岸的农村地区的人群以及受教育水平较低的人群中最为常见,他们往往将国内问题归咎于外来移民,制造出"真正的美国人"与"腐化的外国人"相对立的论调。②

长期以来,由于白人在美国国内人口占比中有着压倒性的优势地位,本土主义思潮虽然在经济低迷尤其是出现经济、社会危机的时期偶有抬头,但总体上并未影响美国作为全球移民"大熔炉"的"合众为一"式的发展路径。然而随着冷战结束后美国国内人口结构尤其是族裔结构的深刻变化,以及全球化进程深入推进中产生的一系列日益严峻的经济、社会和文化问题,白人的所谓"危机感"逐渐被真正唤醒,随之而来的便是带有强烈本土主义色彩的白人至上主义,甚至白人民族主义思潮,开始成为美国政治、社会中与全球主义相对立的政党政治理念,其在实践中的典型代表往往是共和党内的右翼民粹派和一部分传统保守派部落,并且这一理念随着2016年大选中共和党总统候选人特朗普的异军突起而迅速产生了巨大的政治、社会影响。

综上所述,美国国内这一新的政党政治理念的对立形态——"自由主义-全球主义"与"保守主义-本土主义"——在特朗普政府执政期间得以确立,并随着后者一系列反全球化和本

---

① Paul Kramer, "The Geopolitics of Mobility: Immigration Policy and U. S. Global Power in the Long 20th Century," *American Historical Review*, April 2018, pp. 1-47.
② 参见《中国社会科学报》记者对弗里德曼的采访,王悠然:《本土主义在美国"周期性发作"——美国学者剖析其反民主本质》,《中国社会科学报》2017年3月17日。

土主义政策议程的推进,引发了美国政治和社会日益严重且难以调和的理念冲突,打破了传统的自由主义-保守主义二分法意识形态框架,使得美国国内的价值观对立和撕裂程度明显加深。除了内政影响以外,正如上文提及的,这一新的政党政治理念结构还进一步模糊了美国国内政治与其对外政策之间的界限,使得包括移民、族群关系、贸易政策、全球治理和多边主义等在内的一系列内政、外交问题都成为国内政治对立的催化剂,尤其是国际政治的国内化趋势对于美国对外政策的影响变得愈发显著,使得美国外交与其国内政治一样出现不稳定和漂移的特征。①

(二) 政治"部落化"趋势与美国政党政治理念的极端化取向

在美国国内"自由主义-瓦斯普"共识趋于弱化的背景下,政党政治理念的极端化取向成为当前美国政治生态恶化、社会矛盾尖锐和党派对立加剧的另一大原因和实践表现。在认同范式看来,美国政党政治演化的"部落化"趋势为左翼和右翼极端意识形态的登堂入室创造了条件,特别是面对一个分裂的政治体系和失衡的社会结构,越来越多的个体(尤其是年轻一代)容易陷入迷茫、焦虑,甚至恐慌的情绪中,这就使得具有煽动性的极端性意识形态很容易在国内找到相应的政治市场,并以此塑造民主、共和两党的政治理念,使其朝着极端化的方向不断发展。② 例如,近年来在美国国内产生较大政治及社会影响的左翼和右翼极端意识形态组织"安提法"(Antifa)与"骄傲男孩"(Proud Boys),就是其中的典型代表。从 2017 年美国弗吉尼

---

① 相关理论探讨参见 Peter Trubowitz, *Politics and Strategy: Partisan Ambition and American Statecraft*, Princeton: Princeton University Press, 2011.
② Stephen Hawkins, et al., "The Hidden Tribes of America," *More in Common Report*, 2018, p. 5.

亚州的夏洛茨维尔暴力冲突事件,到2020年的"黑命贵"运动及其引发的社会动荡,再到后来发生在美国俄勒冈州波特兰市的大规模骚乱事件,上述两个组织都在其中扮演了重要角色。

左翼运动组织"安提法"的全称是"反法西斯主义运动",其核心诉求是反对种族主义、白人至上主义和白人民族主义。① 这一组织的参与者按照当前美国政党政治的"部落主义"划分,大多属于左翼进步派,也有少数传统自由派。特朗普政府执政起,"安提法"组织及其相关活动开始迅速生成和发展。在政治实践中,"安提法"并非一个单一组织,而是多个自治团体或个人所推动的无领袖政治运动。该运动没有严格的组织关系和指挥中心,参与者透过"关系松散的社会网络、非正式的团结关系,分享跨越国界地域的极右派活动资讯"②。美国学者马克·布雷(Mark Bray)认为:"安提法的参与者会对执法部门和极右派隐瞒有关政治活动……他们高度期望成员保持忠诚,并害怕反对者渗透,故组织规模相当细小……安提法所使用的方法,是专门为了打击白人优越主义者、纳粹主义者、新纳粹主义者而设,他们的绝大多数活动都不包含暴力成分,他们的角色类似于私家侦探,透过多个社交媒体平台对新纳粹主义组织进行追踪。"③在布雷看来,"安提法"的人肉搜寻"是为了告诉人们他们附近住了个纳粹分子,向雇主明示他们请了个白人至上主义者……在夏洛茨维尔事件后,那些穿着一身卡其色、举着提基火把的白人至上主义者需要面对被解雇的

---

① Gary LaFree, "Is Antifa a Terrorist Group," *Society*, Vol. 55, No. 3, 2018, pp. 248-252.
② Ibid.
③ Mark Bray, "Antifa isn't the problem. Trump's bluster is a distraction from police violence," *The Washington Post*, June 1, 2020.

命运,他们的家人亦严加斥责其行为"①。

在社交媒体已经成为美国政党政治尤其是"政治部落"间博弈的主战场的背景下,"安提法"的参与者一般通过社交媒体和网站组织示威活动。一些参与者会建立对等网络,或使用加密文本服务。美国学者乔内耶·德韦加(Chauncey Devega)指出,"安提法"并非一群人,而是一门组织策略。② 一名"安提法"小组成员指出,"安提法"会以某人或组织所属或支持的团体去研究及确定其是否属于法西斯主义、另类右翼以及白人民族主义等。尽管所谓"纳粹分子、法西斯分子、白人民族主义者、反犹主义者、伊斯兰教仇视者"有所重叠,但他们的主要关注点在于"赞同白人至上主义和白人民族主义,或直接与有关人士结盟的团体和个人"③。

右翼运动组织"骄傲男孩"则是与"安提法"针锋相对的一股力量,其成员大多为白人民族主义男性。这一组织的基本理念包括种族主义、反女权主义和鼓吹"白人男性优越论",是近年来美国国内愈演愈烈的"文化战争"的积极参与方和煽动者,也成为特朗普的坚定支持者,甚至自视为"特朗普的军队"④。

---

① Mark Bray, "Antifa isn't the problem. Trump's bluster is a distraction from police violence," *The Washington Post*, June 1, 2020.
② Chauncey Devega, "There's a legacy of people resisting white supremacy in the US, Antifa is not new," *Salon*, July 20, 2017.
③ William Steakin, "What is Antifa? Controversial far-left group defends use of violence," AOL, May 4, 2017, https://www.aol.com/article/news/2017/05/04/what-is-antifa-controversial-far-left-group-defends-use-of-violence/22067671.
④ 例如,在2021年1月6日的国会山骚乱事件发生后,美国联邦调查局(FBI)经调查发现"骄傲男孩"组织与特朗普的助手在事件前夕即有过接触。参见Katie Benner, Alan Feuer, and Adam Goldman, "FBI Finds Contact Between Proud Boys and Trump Associate Before Riot," *The New York Times*, March 6, 2021.

在实践中,该组织最引人注目的政治活动即深度参与了2021年1月6日发生在美国首都华盛顿的国会山骚乱事件,其领导人也因此被定罪。

2020年美国大选结束后不久,"骄傲男孩"组织便举行了视频会议,宣布成立一个名为自卫部的精英分会,旨在对特朗普进行声援和支持。国会山骚乱事件发生后,美国《纽约时报》的一段名为"'骄傲男孩'如何闯入国会大厦"的调查视频在专门调查该事件的国会"1月6日委员会"听证会上显示,"骄傲男孩"组织在当天的事件中发挥了关键作用:"在国会大厦被攻破的重要时刻,'骄傲男孩'组织一次又一次地使用相同的策略——确定进入大楼的入口,激怒其他抗议者,有时直接采取暴力行动……当遇到抵抗时,该组织的领导人便会重新评估,其团队成员则瞄准了国会大厦的新入口。"[1]正是以"骄傲男孩"等为代表的右翼民粹主义组织及其运动在美国政治和社会的"部落化"转向中产生日益显著的助推作用,并与左翼进步主义组织及其运动展开了越来越激烈的"文化战争",才导致美国政治极化和社会撕裂达到史无前例的程度,并因此作用于美国的政党政治理念,使之同步走向极端化。

综上所述,极端意识形态及其社会运动的兴起已经成为美国政党政治以文化-身份矛盾为首要变量的新常态的集中体现,并开始日益占据美国政党政治议程的重要位置。在2020年的美国总统大选和2022年的国会中期选举中,极端意识形态甚至成为党派斗争和政治动员的有力武器。正是在这

---

[1] Natalie Reneau, Stella Cooper, Alan Feuer, and Aaron Byrd, "Proud Boys Led Major Breaches of Capitol on Jan. 6, Video Investigation Finds," *The New York Times*, June 17, 2022.

一背景下,美国总统拜登在2022年9月1日发表的题为"国家灵魂"的费城演说中,将右翼民粹主义群体及其运动称为"政治极端主义"和"国内恐怖主义",认为其构成了对美国民主乃至国家安全的根本威胁。① 可以预计,意识形态的极端化取向连同在此基础上形成的政党政治理念的极端化在美国政治、社会日趋极化和分裂的背景下,将会持续产生重要影响。

二、美国政党政治的结构变迁
——从两党极化到双重极化

与政党政治理念的变迁相关,以文化-身份要素为导向的"部落化"趋势还打破了美国政党政治的既有结构,在两党政治极化程度加深的基础上引发了政党内部的剧烈分化,从而颠覆了传统的周期范式对于政党政治极化的理解。在周期范式看来,美国两党政治结构越是极化,那么不同社会阶级之间的经济矛盾就越是尖锐,而同一政党和阶级内部的一致性就越强。反过来,美国两党政治结构越是非极化,那么不同社会阶级之间的经济矛盾就越是缓和,而同一政党和阶级内部的一致性就越弱。正因如此,周期范式对于美国政党政治极化的理解呈现出一体两面的特征:一方面是两党之间异质性的增强,另一方面则是两党内部同质性的增强。然而,美国政党政治正在经历的大变局却出现了两党极化与党内分化同步加剧的现象,这就超越了周期范式的解释范畴,需要运用文化-身份要素作为新

---

① "Remarks by President Biden on the Continued Battle for the Soul of the Nation," The White House, September 1, 2022, https://www.whitehouse.gov/briefing-room/speeches-remarks/2022/09/01/remarks-by-president-biden-on-the-continued-battle-for-the-soul-of-the-nation/?utm_source=link.

的分析变量进行探讨。在新的认同范式框架下,政治群体对于自身所在"政治部落"的认同感和忠诚度远高于"政治部落"所属的政党,因为"政治部落"是能够真正反映不同政治群体文化-身份认同的政治共同体,这就导致当政党内部不同的"政治部落"在很多议题上出现分歧甚至矛盾时,部落之间的分化和博弈就会凌驾于政党团结之上,从而造成政党内部的分裂甚至极化。与此同时,归属于不同政党的"政治部落"在看待彼此时,则更是将对方视为"敌对势力",将双方的政治斗争视为零和博弈,因而推动两党政治对立和政治极化的加剧。上述两个层面的互动,造成了当前美国两党极化和党内极化这一"双重极化"并存的独特政党政治结构。

在共和党方面,2016 年美国大选后,随着以白人蓝领选民群体为代表的反建制、反全球化和反移民力量倒向特朗普,共和党内部出现了十分明显的分化现象:由于共和党建制派在"政治部落"划分上属于传统保守派,而特朗普主要代表的则是更具极端色彩的右翼民粹派,因而双方在包括移民和族群关系等敏感议题上的分歧和博弈始终存在。尽管共和党在特朗普政府执政期间出现了所谓"特朗普化"的整合迹象,但随着 2020 年大选后特朗普的黯然下台、2021 年"冲击国会山"事件带来的负面效应,以及 2022 年中期选举中由特朗普背书的共和党候选人表现不及预期等问题的出现,共和党建制派开始再一次寻求与特朗普分道扬镳。①

在民主党方面,2016 年大选的失利加深了党内主流的建

---

① 相关讨论参见刁大明:《试析美国共和党的"特朗普化"》,《现代国际关系》2018 年第 10 期;王浩:《2020 年大选后美国的政党政治走向及其影响》,《美国问题研究》2021 年第 1 期;王浩:《结构、议程与整合困境:2022 年中期选举后美国的政党政治走向》,《统一战线学研究》2023 年第 1 期。

制派精英(或传统自由派"政治部落")和近年来不断崛起的左翼进步派"政治部落"之间的观念裂痕,后者认为正是以希拉里·克林顿(Hillary Clinton)为代表的民主党建制派无法有效实现党内政治动员,才导致民主党在大选中溃败。结果是,近年来民主党内主流的传统建制派力量始终处于话语权的下风,而进步派所代表的激进主义——尤其是非法移民"去罪化"和政府统一运作全民医保等政策主张——似乎要逆袭成为该党未来的主流趋势。在2020年大选的民主党内初选辩论阶段,民主党进步派一直在移民、医保、税收和教育等核心议题上与拜登持不同立场,并且双方的政策主张也存在明显差距。例如在移民问题上,围绕如何妥善对待非法移民、其中哪些群体应该被遣返、哪些群体应该予以合法身份以及这种合法化的路径等问题,党内温和派和进步派的观点存在较大分歧。又如,在医保问题上,早在民主党初选辩论期间,进步派便旗帜鲜明地提出了旨在取代奥巴马医改的"全民医改计划",抨击了保险行业的盈利动机,认为医保是一项人权事业而非牟取利益的领域。然而,拜登却坚称应采取改革而非取代的办法解决奥巴马医改遗留的问题,因此反对进步派的激进主张。在拜登入主白宫后,民主党内部在2020年大选阶段被抑制的矛盾再一次浮出了水面。"打江山易,坐江山难",对于拜登政府而言,民主党内部不可忽视的矛盾给其执政带来了不小的挑战,党内整合的难度甚至可以与两党寻求共识的难度相提并论。[①]

概言之,当前美国政党政治中的党内分化现象已成为文化-

[①] 王浩:《2020年大选后美国的政党政治走向及其影响》,《美国问题研究》2021年第1期。

身份矛盾主导下政治"部落化"趋势的主要产物之一,形成了与两党极化加剧并行不悖的一大重要现象,其对美国政治走向的影响值得予以密切关注。

(一)拜登政府执政后美国政党政治"双重极化"结构的形成

拜登政府执政以后,美国政党政治出现的最显著变化为在民主、共和两党之间的极化继续强化的同时,民主党内不同力量和派别之间的分歧和矛盾也逐步显现,进而形成了以拜登为代表的温和派、以佛蒙特州参议员伯尼·桑德斯(Bernie Sanders)为代表的进步派和以西弗吉尼亚州参议员乔·曼钦(Joe Manchin)为代表的中右派之间相互掣肘的所谓"民主党内极化"现象。造成这一现象的深层原因较为复杂,概括来看主要是三个方面。一是民主党的国内政治基础较为复杂多元,既包括传统的以工人阶级和工会为主的社会中产阶级,也包括大量少数族裔、外来移民以及在价值观问题上持有多元主义倾向的各类社会群体,这就导致民主党内代表不同社会群体的政治精英的立场更难调和。二是特朗普政府执政期间,民主党作为在野党的政治主基调是反思 2016 年大选失利的原因并在 2018 年中期选举中取得国会众议院主导权后展开对特朗普以及共和党的斗争,因而党内分歧始终让位于政党的整体利益。2020 年大选期间,尽管民主党内初选阶段作为温和派的拜登遭到来自左右两方的猛烈攻击,但击败特朗普的共同利益再次压制了党内不同力量间的矛盾。① 三是拜登赢得 2020 年总统大选并上台执政后,民主党内分歧随之因不再受制于外部压力

---

① 王浩:《2020 年大选后美国的政党政治走向及其影响》,《美国问题研究》2021 年第 1 期。

而迅速浮出水面,成为美国政党政治中值得关注的一个新变化。这也意味着,在共和党内建制派和反建制派(民粹派)之间的极化有增无减的基础上,民主党内的极化结构也日益定型,从而使得美国政党政治的"双重极化"结构最终完整地呈现了出来。

在实践中,这一"双重极化"的全新政党政治结构带来了重要的政治影响。首先,"双重极化"推动美国的政党政治博弈更趋复杂,甚至极端。在传统的两党极化结构下,美国的政党政治博弈具有较强的可预期性和较为明显的边界,即民主、共和两党围绕府会主导权的争夺所带来的政治力量对比变化这一单一变量就能够决定一定时期内美国政治的格局及其实践演变路径。然而在"双重极化"的结构下,政党政治博弈的动向将变得不再具有可预期性,其边界也将随之愈发模糊,从而使得这种博弈更趋复杂,甚至不乏极端情形的出现。例如,拜登政府执政头两年,尽管民主党同时占据着府会优势地位,但党内极化的出现却不仅导致拜登政府一系列以"经济优先"为内核的改革努力成效大打折扣,而且为共和党利用这种极化,通过"文化战争"等手段不断对拜登政府发起挑战创造了机会,进一步加剧了美国政党政治博弈的复杂性。又如,2022年美国国会中期选举后,尽管共和党成为众议院新的多数党,但其内部的分裂和极化却引发了美国政治史上前所未有的极端情形:作为众议院多数党领袖的议长凯文·麦卡锡(Kevin McCarthy)竟被党内政治对手联合民主党罢免了。这就充分表明,"双重极化"结构对美国的政党政治博弈产生了史无前例的重要影响。

其次,"双重极化"使得美国总统的政治领导力和民意基础进一步削弱,美国政治中的"弱总统、强国会"模式成为新常态。在传统的两党极化结构下,当总统所在的执政党同时掌控国会两院多数席位时,总统的政治领导力和民意基础往往更强,形成"强总统、弱国会"模式,如第一任期内的克林顿政府、小布什政府和奥巴马政府;当总统所在的执政党面临分立国会(国会一院甚至两院多数席位归属在野党)时,总统的政治领导力和民意基础随之下降,形成"弱总统、强国会"模式,如第二任期内的克林顿政府、奥巴马政府以及 2006 年国会中期选举后的小布什政府。然而,在"双重极化"结构下,即使总统所在的执政党同时掌控国会两院多数席位,总统的政治领导力和民意基础也将维持在弱势状态,党内分裂和极化一方面导致总统作为政党领袖无法发挥应有作用,从而使处于优势地位的执政党难以有效推进本党的重要政治议程,另一方面则由于党内不同"政治部落"间的分化和龃龉弱化了总统的党内民意基础。例如,特朗普政府和拜登政府执政头两年在立法和施政过程中遭遇的党内阻力,以及二者在执政期间始终相对低迷的民调支持率都反映出了这一新的政党政治结构带来的冲击。

最后,平衡执政党内部矛盾与应对在野党外部挑战的"双重压力"使得政府的运作效率和执政效能进一步下降,从而削弱了政府有效解决经济、社会问题的能力。在传统的两党极化模式下,美国政府运作效率和执政效能的下降来自两党相互否决的互动困境,但这一困境在府会均由某一党掌控时并不存在。然而在"双重极化"的政党政治结构下,美国总统及其行政团队不仅面临来自在野党的制度化阻击——如三权分立框架下的立法障碍,而且还需要平衡本党内部不同"政治部落"之间的千差万别,甚至相互冲突的利益诉求和政策偏好,从而极易引发政府运作效率和执政效能的进一步下降。这种下降超越了两党力量对比变化的过程,成为一种难以避免的新常态。拜登政府执政后,前文多次提到的一系列民主党建制派力推的改革议程之所以难以落地,就在于党内分裂与极化大幅削弱了政府的效率和效能。结果是,美国面临的诸多深层次的经济、社会问题长期难以获得根本解决,这一点已经成为美国民主制度内在弊病的体现。

(二) 2022 年中期选举与美国政党政治"双重极化"结构的深化

在拜登政府执政后美国政党政治的"双重极化"结构形成的背景下,2022 年美国中期选举及其结果给美国政党政治结构带来了三方面新的冲击:一是民主、共和两党极化与恶斗进一步加剧,两党极化程度被推到了一个新的高度;二是执政的民主党内温和派试图凭借此次选举的有利结果对党内进步派与中右派发起回击,使得党内"混战"更趋激烈;三是共和党内反特朗普的力量试图凭借此次选举结果力争削弱特朗普的政治影响力,甚至追求该党的"去特朗普化"。这三方面冲击推动着美国的政党政治结构走向全方位"双重极化",即在两党之间极化深化的同时,两党内部的极化纷纷凸显出来,这也是在文化-身份矛盾主导下的美国政党政治出现的新常态。

首先,2022 年美国中期选举进一步加剧了民主、共和两党之间的极化,使得美国两党政治再一次鲜明地体现出福山笔下的"政治衰败"——以两党相互掣肘为特征的"否决政治"——的一系列内在特征。[①] 自民主党在 2018 年中期选举中取得国

---

① Francis Fukuyama, *Political Order and Political Decay: From the Industrial Revolution to the Globalization of Democracy*, New York: Farrar, Straus, and Giroux, 2014.

会众议院多数地位以来,国会先后发起了对时任总统特朗普的弹劾、对特朗普经济问题的调查以及成立调查2021年1月6日国会山骚乱事件的众议院特别委员会等,使美国的两党恶斗达到了一个新的高度。2022年国会中期选举前夕,民主党更是对特朗普位于海湖庄园的私人住所进行了突袭式搜查。有美国学者指出,民主党控制的司法部和联邦调查局让美国成了执政党利用政府权力和司法问题攻击政治对手的国家,这一观点与特朗普在社交媒体上所称的"(民主党的此次行为)使美国就像一个第三世界国家"如出一辙,这也引发了学界对于美国的政治民主是否正在走向威权化的广泛探讨。① 毕竟,美国历史上还没有任何一位司法部部长曾经签署过对前总统住所的搜查令。如果这种做法成为一种新常态,那么美国政治的游戏规则将会发生重大变化。例如,未来共和党主导的司法部同样可能去突击搜查拜登等民主党政要的住所。一旦美国国内形成这样一种党派斗争模式,其政治制度将会被进一步破坏,政治极化和党派分裂也无疑将加深,甚至走向失控。在共和党取得众议院多数席位后,不仅针对特朗普的一系列国会调查委员会被撤销,而且拜登及其家族迅速成为共和党的反击和调查对象。例如,2023年初当选为国会众议院议长的麦卡锡已于同年9月宣布启动对拜登总统的弹劾调查。② 如此一来,美国两党政治将会陷入相互打压的恶性循环。除此之外,共和党主

---

① "FBI search of Donald Trump's home 'would make third-world dictator blush,'" Sky News, August 10, 2022, https://news.sky.com/story/fbi-search-of-donald-trumps-home-would-make-third-world-dictator-blush-12669590.
② Carl Hulse, Luke Broadwater, and Annie Karni, "McCarthy, Facing an Ouster and a Shutdown, Orders an Impeachment Inquiry," *The New York Times*, September 12, 2023, https://www.nytimes.com/2023/09/12/us/politics/mccarthy-biden-impeachment-inquiry.html.

导的国会众议院还在一系列立法问题上对拜登政府和民主党进行了持续阻击，使得拜登政府和民主党的立法工作难以顺利有效推进。

其次，2022年美国中期选举还将进一步加剧民主党内分化甚至极化，形成进步派、温和派与中右派之间的"混战"结构。① 上文提到，作为民主党内温和派代表的拜登就任后致力于推行以"经济优先"为内核的中间主义政策，搁置容易引发社会分裂的"文化战争"，以维系和扩大民主党的选民基础。然而，在两党政治极化和民主党内分化的大背景下，温和派及其中间主义路线面临着来自民主党内部和外部的一系列巨大挑战，甚至在选前一度走到了难以为继的边缘。正如拜登总统多次表示的，多元主义与进步主义将会是处于转型中的民主党的未来潮流，他本人将更多地扮演一个过渡性角色。② 然而，由于拜登的执政理念在此次中期选举中超出预期地获得了美国广大中间选民群体的支持，该群体的投票率较上一次中期选举有了明显的提升，因而此前两年在民主党内日益处于边缘地位的温和派势必借此重拾政治信心，并对进步派和中右派发起反击，以争夺"路线话语权"。在这一新的背景下，温和派对进步派和中右派进行妥协让步的动机将会大幅弱化，民主党内三股主要力量之间的极化结构将会更为显著。

最后，2022年美国中期选举还将对共和党内以"特朗普

---

① "The Perils of the Midterms: For Both Parties, and for the United States' Political Future," The Council on Foreign Relations, August 1, 2022. https://www.cfr.org/blog/perils-midterms-both-parties-and-united-states-political-future.
② Ronald Brownstein, "The Democrats' Midterm Identity Crisis," The Atlantic, May 11, 2022, https://www.theatlantic.com/politics/archive/2022/05/biden-democrats-midterm-elections-2022-strategy/629817/.

派"一家独大为核心特征的政治结构形成冲击,从而加剧共和党内分化,甚至极化。自 2016 年大选开始,美国政治中出现的"特朗普革命"以及共和党的"特朗普化"成为学界广泛探讨的重要现象和问题。① 以特朗普为代表的反建制/反精英主义、民粹主义以及本土主义力量正在对共和党进行深刻重构。结果是,共和党内精英层虽然仍存在不少反特朗普的力量,但经过其执政四年的党内较量与整合,党内反对派正在被大幅边缘化。这一态势在特朗普离开白宫后得以延续甚至强化。例如,前文提到,早在 2021 年 2 月的共和党保守派政治行动大会上,刚刚卸任总统职位的特朗普所表现出来的党内影响力和号召力就已经表明他仍然是共和党内无法取代的核心人物,共和党在很大程度上依然是"特朗普的政党"②。又如,在 2022 年美国中期选举的共和党内初选阶段,获得特朗普背书的候选人更是有超过 80%的比例获得了党内提名。然而,这些候选人在中期选举中不及预期的表现让共和党人近乎一致地将矛头指向了特朗普。就在中期选举结束后的第二天,美国主流媒体《华尔街日报》就以"特朗普:中期选举的最大输家"为醒目标题发文,称特朗普应该为共和党的选举失利负责。③ 此外,包括特朗普政府时期的副总统迈克·彭斯(Mike Pence)在内的一

---

① 王浩:《美国政治的"特朗普革命":内涵、动因与影响》,《当代美国评论》2021 年第 2 期;刁大明:《试析美国共和党的"特朗普化"》,《现代国际关系》2018 年第 10 期;刁大明:《美国政治的"特朗普化"及其影响》,《探索与争鸣》2021 年第 2 期。
② Lisa Lerer, "CPAC and the New Republicanism," *The New York Times*, February 28, 2021, https://www.nytimes.com/2021/02/27/us/politics/cpac-trump-republicans.html.
③ "Trump Is the Republican Party's Biggest Loser," *Wall Street Journal*, November 9, 2022, https://www.wsj.com/articles/donald-trump-is-the-gops-biggest-loser-midterm-elections-senate-house-congress-republicans-11668034869.

些有意参加2024年美国大选的共和党建制派精英纷纷表示，共和党应该推选出能够取代特朗普的新鲜面孔参加总统选举。① 基于此不难看出，2022年中期选举已经成为共和党内建制派与特朗普产生龃龉和疏离的一个重要观察窗口。随着共和党的"特朗普化"趋势开始面临一系列新变数，该党党内结构的分裂和极化将难以避免。在认同范式看来，这种分裂和极化的根源并非经济-阶级维度的因素发挥作用，而是文化-身份要素及其背后的认同问题。

三、美国政党政治的议题变迁
——"经济优先"与"文化战争"的张力

自2016年美国大选和特朗普政府执政开始，随着右翼民粹主义及其运动在美国政治中的兴起，特别是其中的白人至上主义和白人民族主义政治、社会影响力的不断扩大，美国国内的"文化战争"变得愈演愈烈，以至于上升为与经济因素同等重要，甚至在一定程度上受关注度更高，也更能取得动员效果的重大政治选举议题。② 例如，特朗普政府执政期间的"推特治国"就是运用社交媒体这一技术工具进行"文化战争"动员的典

---

① "Pompeo tweaks Trump, says GOP 'tired of losing'," *The Hill*, November 18, 2022, https://thehill.com/homenews/campaign/3742000-pompeo-tweaks-trump-says-gop-tired-of-losing/.
② 作为右翼民粹主义的代表性社会思潮和运动，白人至上主义的核心主张是维持和强化白人群体在美国社会中的主导地位；而作为"另类右翼"的代表性社会思潮和运动，白人民族主义的核心主张则更为极端，追求将不同的种族完全隔离，建立一个由白人组成的单一社会。相关分析参见George Hawley, *Making Sense of the Alt-Right*, New York: Columbia University Press, 2017；王浩：《走出周期：美国政党政治研究的范式转换与议程重置》，《美国研究》2022年第4期。

型案例。就政治动机而言,特朗普将社交媒体视为对自身政治基本盘进行持续有效动员的特有方式,这就使社交媒体赋予了作为华盛顿"圈外人"的特朗普独立于主流媒体之外的强大话语权和操控力,使之可以将政治竞选"永续化",跳出华盛顿精英政治圈的桎梏,以"上帝视角"对选民进行控制,以此反过来对共和党内建制派精英形成压制。① 结果是,特朗普通过社交媒体反复传递出的反建制、反移民和反全球化呼声,加剧了以文化和种族为界标的不同群体间的对立和美国政党政治的极化趋势。②

在上述背景下,拜登政府执政后为弥合美国的政治、社会裂痕,提出了"经济优先"、搁置"文化战争"的执政路线图。然而过去几年的政党政治实践已经表明,这一路线图遭到了来自民主党内以及共和党的多方面阻击,处于内外交困甚至难以为继的境地。2022年美国中期选举后,随着支持这一路线图的美国国内中间选民群体政治可见度的提升和民主党内温和派话语权的相对增强,"经济优先"主张将开始对"文化战争"主张进行反击,由此使得两大议程之间的张力更加突出。本质上,这两大议程建立在全然不同甚至相互冲突的逻辑基础上,它们之间的此消彼长将是观察未来美国政党政治核心议程走向的关键切入点。

(一)"经济优先"议程的逻辑、困境与前景

拜登政府力推的"经济优先"议程建立在高度关联的三重

---

① 刁大明:《美国政治的"特朗普化"及其影响》,《探索与争鸣》2021年第2期。
② Ashley Parker, "The Permanent Outsider," *The Washington Post*, August 21, 2020.

逻辑基础之上,即去意识形态逻辑、历史逻辑与长期性政治逻辑。首先,"经济优先"议程体现出鲜明的去意识形态逻辑,即致力于让美国政党政治摆脱自特朗普政府执政开始日益显著的意识形态化趋势,尤其是右翼民粹主义带来的不利影响,使政治精英和民众不再因意识形态和价值观分歧而陷入彼此对立和冲突的状态,通过经济这一中性的最大公约数凝聚国内的政治共识,使之作为桥梁对不同的"政治部落"起到连接作用,从而有效应对美国面临的各类政治、经济和社会挑战。其次,"经济优先"议程还植根于民主党自身的历史逻辑中。作为成长于从罗斯福到哈里·杜鲁门(Harry Truman)再到约翰逊时代的民主党人,拜登的执政理念深受新政时期民主党以经济、劳工和社会福利问题为抓手的执政传统的影响,而非当前党内左翼进步派所主张的一系列激进的"文化战争"理念。在拜登看来,民主党在历史上取得的成功植根于经济政策,如果抛弃"经济优先"的传统转而依靠"文化战争"进行政治动员,只会削弱民主党的国内政治优势。再次,"经济优先"议程还内含一种长期性政治逻辑,即通过聚焦经济这一国内广大中产阶级和中间选民群体最为关心的问题,重建民主党的新政联合体,从而在中长期意义上重塑该党的政治优势,同时修复美国的民主政治这一"国家灵魂"。新政时期,罗斯福打造的这一政党-选民联盟在内部构成上呈现出意识形态、价值观和族裔等的多样性,其中既包括自由派知识分子和白人蓝领阶级,也包括妇女、少数族裔和南方郊区白人,而在这一多样性背后,该群体具有一个最大的共性,那就是都属于美国社会中的中产阶级及以下群体。因此,"经济优先"议程成为这一庞大政治联盟的最大公约数和纽带,而一旦民主党开始强调身份政治和"文化战争"议题,这一联盟就将难以维系。

正是在上述战略思维和历史惯性的作用下,拜登政府才能在其执政后迅速推出了规模几乎史无前例的经济刺激计划,并在外交政策领域提出"服务中产阶级的外交政策"①。然而正如前文论及的,拜登政府的"经济优先"议程在实践中不仅遭到了来自共和党的强有力阻击,而且在民主党内也面临来自左翼进步派和中右派的两面夹击。最终,拜登政府围绕"经济优先"议程的立法和政策努力并未达到预期效果。这就再一次表明,经济因素的优先性在美国政党政治持续"部落化"的背景下已经大幅弱化,文化-身份矛盾的重要性则越来越显著。尽管2022年美国中期选举结果为"经济优先"议程的推进提供了有利的选举政治环境,但其仍将面临既有的政治结构性制约带来的困境。一方面,民主党内各派在这一问题上仍然难以达成基本共识,并且由于得益于该次选举的温和派变得更为强势,其与左、右两股力量之间的博弈将更加激烈。例如,拜登政府高度重视但却在民主党内陷入僵局的以《重建更好未来法案》为代表的由党内温和派理念和中产阶级利益主导的改革法案,将继续遭到来自左、右两方的修正压力,并且由于温和派进行妥协的空间更小,上述法案能够向前推进的概率将进一步降低。另一方面,在共和党取得国会众议院多数地位的背景下,"文化战争"将成为其攻击和掣肘拜登政府的重中之重,两党围绕族裔关系、女性平权、少数群体诉求以及移民问题等的博弈将更为剧烈,使得拜登政府的"经济优先"议程面临严峻的来自立法层面的挑战。

---

① 刘飞涛:《拜登"服务中产阶级的外交":理念、方略及前景》,《美国研究》2021年第4期;韦宗友、张歆伟:《拜登政府"中产阶级外交政策"与中美关系》,《美国研究》2021年第4期。

基于此,"经济优先"议程的政治前景将主要取决于三个方面。第一,拜登政府执政前两年的一系列与经济议题相关的立法成果能否真正落到实处,让广大中产阶级和中间选民群体获得现实好处,从而进一步提升这一群体的政党政治参与度、活跃度,尤其是投票率,从而真正对左翼和右翼两个"政治部落"的极端活跃群体形成压制。第二,"经济优先"议程能否经受住来自民主党内部以及共和党的多重挑战,继续成为拜登政府的政策最优先事项。第三,美国经济在2024年大选前能否保持合理、健康的增长。这些因素将不仅决定该项议程的前景,也将在很大程度上影响甚至左右2024年大选的结果。

(二)"文化战争"议程的逻辑、困境与前景

与"经济优先"议程的逻辑相对应,"文化战争"议程背后同样存在三重逻辑,即意识形态逻辑、现实逻辑与短期性选举逻辑。首先,"文化战争"近年来之所以能够迅速崛起为美国政党政治的核心议程之一,就在于意识形态因素已成为美国政党极化的重要动力,尤其是左翼和右翼极端意识形态的兴起持续推动着民主、共和两党的转型与重组。① 在这一逻辑支配下,"文化战争"俨然已是美国党派竞争的一大焦点。其次,"文化战争"议程建立在美国社会高度分裂甚至"部落化"的现实逻辑基础上,认为"经济优先"议程所依据的历史逻辑不过是刻舟求剑,无法反映美国社会的最新现实,因而注定无法取得预期的政治效果。② 一个最简单的事实是,20世纪30年代到60年代

---

① 需要再次强调的是,这里的意识形态并非是指周期范式下的自由主义-保守主义二分法框架,而是一个新的在"部落主义"影响下对上述传统框架进行超越后的结构。
② 王浩:《美国政治生态新变化》,《现代国际关系》2022年第10期。

的新政时期，美国的人口结构和阶级结构与现在有着本质区别，不仅白人人口占比更高，而且在阶级结构上以中产阶级为主体，因而极端意识形态和"文化战争"很难获得足够的政治市场。然而，当前美国社会则恰恰相反，随着白人人口占比和中产阶级占比同步地持续下降、社会贫富差距与日俱增，各类社会矛盾变得日益尖锐和难解，这一点成为"文化战争"产生的深刻土壤。最后，"文化战争"议程还内含着一种短期性选举逻辑，即通过运用这一议程对政治立场较为极端的选民和政治积极分子进行有效动员，从而取得良好的政治选举效果，服务于政治精英的短期利益。按照美国学者的研究，尽管美国国内持有极端立场的选民仅占全部选民的约15％，但由于他们政治活跃度高、投票率高，因而能够很大程度上左右选举结果。2016年大选中出现的"特朗普现象"就是这一事实的体现。实践证明，在当前美国的政党政治环境尤其是日益极化和对立的政党政治结构下，长期性政治逻辑通常难以战胜短期性选举逻辑，因为政治精英总是短视的选举利己主义者，这就为"文化战争"议程重要性的不断上升提供了诱因。

然而，"文化战争"议程在政策实践中同样有其困境。一方面，这项议程不可避免地会加剧美国的政治极化和社会分裂，因此疏远广大中产阶级和中间选民群体。尽管这一群体的投票率相较于左、右两个极端的政治活跃选民群体而言偏低，但由于其基数庞大，一旦被动员起来仍将是美国政治社会的中流砥柱，这一点在2022年中期选举中已有所体现。另一方面，在政治上利用"文化战争"这种较为极端的方式谋求党派和个人选举利益很难掌握其合理限度，存在被极端选民和极端主张绑架的可能，从而起到"反动员"的效果，带来"政治反噬"的风险。

例如,共和党保守派在2022年中期选举前将"罗伊诉韦德案"裁决视为同民主党进行党派竞争和动员保守派选民的重要工具,然而却引发了民主党基本盘和中间选民群体的政治反击,起到了为对手动员的反效果,最终在政治上反噬了自身,导致共和党没有取得预期中的重大政治胜利。

基于此,"文化战争"议程的前景将主要取决于美国政党政治中正在兴起的这一新的"文化-身份"要素能否持续地取代传统上居于主流地位的"经济-阶级"要素成为美国政党政治走向的首要影响因素。笔者认为,从中长期看,随着美国社会人口结构、阶级结构和分配结构的演化,"文化战争"将无疑是一个持久的重要政治议程,需要继续予以密切关注。

(三)"经济优先"与"文化战争"的张力

在分别探讨了传统的"经济优先"议程与新兴的"文化战争"议程各自的逻辑、困境与前景的基础上,我们便不难发现二者之间存在的日益显著的张力,这种张力可以从逻辑和实践两个维度来理解。就逻辑而言,"经济优先"与"文化战争"分别建立在上文提到的去意识形态与意识形态、历史与现实以及长期与短期的逻辑基础上,从而呈现出一种典型的"二元对立"式张力。例如,"经济优先"议程致力于搁置意识形态和价值观纷争以弱化其对美国政治和社会造成的撕裂效应,以经济议题为纽带弥合不同政治和社会群体的分歧与矛盾,重建美国国内以中产阶级为主体的政治和社会结构,运用妥协而非对立的方式解决政治和社会中的问题;"文化战争"议程则力图通过渲染意识形态与价值观纷争,制造不同政治和社会群体之间的对立,从而为极端和激进的政治诉求的登堂入室提供现实条件,认为

"经济优先"议程会在相当大的程度上消解美国国内不同"政治部落"之间的个性化诉求。这就造成了二者在价值取向上的巨大张力。又如,"经济优先"议程将逻辑建立在历史经验的基础上,尤其是按照周期范式内含的"经济决定论"和"经济-政治周期联动论",希望以经济议题为杠杆构筑政党-选民联盟的国内政治优势。然而,"文化战争"议程则将逻辑建立在现实条件的基础上,在美国国内政治和社会结构出现"百年变局"的背景下,致力于突出传统的"瓦斯普"文化与新兴的多元文化主义之间关于"美国是谁的美国"的重大分歧,以文化-身份而非经济-阶级要素重塑美国政党政治的核心议题。这就造成了二者在文化认同上的巨大张力。再如,"经济优先"议程力图以长期性政治逻辑为导向,最大限度地扩大政党-选民联盟的范围,追求"量"的优势。与之相反,"文化战争"议程则以短期性选举逻辑为出发点,力图最大限度动员核心选民群体以及政治活跃度和参与度都更高的左翼和右翼极端选民,追求"质"的效果。这就造成了二者在政治动员上的巨大张力。

就实践而言,"经济优先"与"文化战争"之间的张力则主要体现在政党从选举到执政两个阶段的议题偏好博弈中。一方面,就选举阶段的政党议题偏好博弈而言,历史上,与经济要素相关的税收、就业和社会福利等议题长期占据着美国选举议题的中心,来自两个政党的候选人在竞选过程中可以说是"得经济者得天下",其中1992年大选中作为民主党政治新秀的克林顿以其"是经济,傻瓜!"(It's economy, stupid!)的著名竞选口号击败了在任总统、资深政治人物老布什。然而在2020年的美国总统大选中,两党在竞选阶段的最大焦点性议题已不再是税收、就业和社会福利等传统经济领域的议题,而是带有十分强烈的身份和部落色彩的移民、控枪、族群冲突、气候变化和社会公正议题。对此,美国知名民调机构皮尤研究中心(Pew Research Center)在 2020 年大选期间的调查数据显示,移民和族群冲突问题在美国选民中的受关注度超过了经济不平等问题约 3 个百分点,这在历史上属于首次。① 无独有偶,在 2024 年美国大选的共和党内初选阶段,各个候选人最大的争论焦点(也是其个人"政治卖点")亦非围绕经济-阶级议题展开,而是围绕移民、教育、族群和边境安全等"文化战争"议题进行。② 另一方面,就执政阶段的政党议题偏好博弈而言,在近年来民主、共和两党各自党内的激进派和极端派日益发挥不成比例的重要政治影响的背景下,党内温和派与建制派越来越被边缘化,进而导致政党执政阶段的议题偏好正在发生从经济-阶级维度朝着文化-身份维度转移的趋势,这一点在前述拜登政府执政后"经济优先"与"文化战争"两大核心议题的博弈中体现得十分明显。作为民主党内建制派与温和派的代表,拜登试图恢复经济议题在美国政党政治中的优先地位,并以此为杠杆重塑政治中间主义的主流地位。然而,无论是民主党内的左翼进步派部落还是共和党(尤其是其中的右翼民粹派部落),都对拜登政府的上述努力形成了重要掣肘,这就表明与文化-身份要素相关的"文化战争"议题已经成为从选举到执政阶段美国政党政治博弈的首要议题,并与传统的占据核心地位的经济

---

① Pew Research Center, "Important Issues in the 2020 Election," August 13, 2020, http://www.pewresearch.org/politics/2020/08/13/important-issus-in-the-2020-election.
② Steven Shephard, "The 2024 GOP field: How they win, how they lose," Politico, September 12, 2023, https://www.politico.com/interactives/2023/republican-candidates-2024-gop-presidential-hopefuls-list/.

议题存在日益显著的巨大张力。随着美国政党政治大变局的形成，文化-身份议题正在前所未有地走向美国国内政治舞台的中心。

四、美国政党政治的生态变迁
——从否决政治到报复性政治

就美国政党政治的生态变迁而言，周期范式下的两党互动模式已无法阐释美国政党政治的当下变局。基于"经济决定论"的民主、共和两党政治生态，无论是19世纪后期至20世纪20年代的"非对等极化"、20世纪30年代至60年代的"对等合作"，还是20世纪70年代以后日益突显的"对等极化"，本质上都是围绕"经济-阶级"矛盾形成的两大政党及其背后的政治联盟力量此消彼长的产物，即使是"对等极化"的极端形态——福山指出的"否决政治"，也依然是这一逻辑的延续。然而，近年来美国政党政治演变的实践使得极化本身越来越难以涵盖其生态的全貌。在周期范式下，无论美国政党政治生态极化与否，其突出特点是这一生态具有显著的能动特征，在经济的周期性变化推动下总能实现两党政治力量对比的重大变化与政治阵营的分化重组。当下美国政党政治生态一个新的突出特征是流动性的大幅下降和"部落化"趋势的日益显著，从而在极化的基础上形成了所谓"钙化"（calcification）的特征，即基于"文化-身份"认同的政党-选民联盟内部的稳固性以及两大政党-选民联盟之间的对立程度远甚于周期范式下基于"经济-阶级"利益的政党-选民联盟，进而导致政党-选民联盟的分化和重组变得越来越困难，国内政治多数联盟形成的条件越来越难以满足,国内主流共识的达成更是变得遥不可及。① 这一趋势回应了三个重要的现实中的政治问题:第一,为何近年来美国政党政治生态进一步恶化并导致"报复性政治"大行其道——这一点在特朗普政府和拜登政府执政期间的两党恶斗中体现得淋漓尽致;第二,为何经济议题越来越难以成为撬动政党-选民联盟转换的有力杠杆——这一点在2022年美国国会中期选举中体现得十分明显;第三,美国政治中的稳定多数党为何越来越难以形成——这一点在2022年美国国会中期选举中众议院席位创纪录的低位变动中体现得尤为明显。由于后两个问题已在前面章节中有过详细讨论,本节将围绕第一个问题展开分析。

在认同范式看来,美国政党政治的时代变局最为直接和鲜明地体现在其生态变迁上,即由于"部落化"政党政治结构的形成,美国的政党政治生态不仅出现了极化程度上的进一步加深,而且在两党互动博弈中发展出了"报复性政治"这一几乎前所未有的新常态,从而意味着政党政治生态的某种质变。在这方面,一个典型案例即2022年美国的中期选举。在美国国内政治中间主义式微和政党政治"双重极化"加剧的环境下,2022年的中期选举成为民主、共和两党激烈斗争,"报复性政治"大行其道的舞台,使得美国政党政治在"部落化"方向上越走越远,出现了"中选大选化"的畸形态势。从2022年8月2日美国国会众议院议长南希·佩洛西(Nancy Pelosi)的窜访行为到2022年8月8日特朗普位于海湖庄园的私人住所被联

---

① 王浩:《美国政治生态新变化》,《现代国际关系》2022年第10期;王浩:《结构、议程与整合困境:2022年中期选举后美国的政党政治走向》,《统一战线学研究》2023年第1期。

邦调查局搜查加剧美国内斗,在不到一周的时间里,包括拜登政府和国会领袖在内的执政党在对外、对内分别打着"民主"和"法治"的旗号下不遗余力地进行政党政治动员和打压竞争对手以拉抬民主党的中期选举选情,致使美国的两党政治博弈呈现出"中选大选化"的畸形态势,即在内政和外交两个领域同时出现以往在总统大选前夕才会有的类似于"十月惊奇"(October Surprise)的巨大冲击事件。① 这一"中选大选化"的美国政党政治生态演变新动向可以从三个方面理解。

第一,这一生态反映出在美国国内政治极化尤其是两党恶斗不断加剧的背景下,中期选举对于政党政治格局的塑造意义被进一步放大,甚至与总统大选一样被视为决定党派斗争格局的重要变量。因此,两大政党尤其是执政党为增进政治利益、维护既有优势而置内政、外交领域的重要原则和游戏规则于不顾,通过利用自身权力优势制造突发性事件吸引选民眼球,对选民尤其是以政治激进和极端群体为代表的基本盘进行政治动员,进一步提高这一群体的政治活跃度尤其是投票率,从而提升本党选举获胜的概率。在2022年中期选举前出现的上述内外事态中,执政的民主党一方面致力于以对外示强甚至挑衅来迎合国内民意从而彰显其国际领导力,另一方面则通过对内破坏特朗普这一共和党中最具政治影响力的标志性人物的政治形象来打击对手党的政治选举士气。这一内外联动的手法共同服务于民主党保持其在国会岌岌可危的脆弱优势地位这一核心目标,从而避免在拜登政府后续执政期间陷入更大的国

---

① "十月惊奇"是美国政治中的重要术语,指的是在美国11月大选日前夕发生的可能影响选举结果的重大冲击性新闻事件,如2016年美国大选前夕曝出的希拉里"邮件门"事件等。

内政党政治困境,进而在 2024 年大选中给民主党带来不利影响。可以说,民主党用尽各种内政、外交手段对中期选举进行动员的做法甚至是对 2024 年大选的提前动员,这是"中选大选化"的最直接体现。

第二,这一生态的形成还是民主党在自身执政成绩不佳、中期选举有相当大的概率失去国会主导地位背景下转移主要矛盾、进行政治自救的冒险之举,反映出当前美国政治民主的异化和政治生态的每况愈下。众所周知,拜登政府执政以后的民调支持率呈持续下滑之势,甚至自 2022 年初开始一度长时间低于特朗普政府执政时的同期民调支持水平,从而给民主党的中期选举蒙上了一层阴影。① 在此过程中,美国国内创纪录的通货膨胀与拜登政府无力应对的事实成为问题的症结。② 面对这一政治压力,民主党选择"另辟蹊径"以自救,即在外交领域以向竞争对手国家进行挑衅而展示强硬、在内政领域以对特朗普庄园的搜查为抓手而打压对手。这就充分表明,美国的政党政治环境正在朝着民主政治不断异化、党争恶斗不断强化和政治生态每况愈下的方向持续加速发展,尤其是执政党在非大选年的中期选举背景下运用恶化对手形象的做法抬升本党选情的手段,使美国政治进一步陷入一种"比烂"的恶性循环中,即政治精英无法通过解决美国内政和外交领域面临的

---

① 根据美国知名综合性民调网站 Real Clear Politics (RCP)在 2022 年美国中期选举前的数据,拜登总统的民调满意度自执政起便连续走低,从 2021 年初的 55%左右下滑至 2022 年 7 月的 38%极低值。参见 www.realclearpolitics.com。
② 2021 年下半年开始,美国国内通胀压力持续加大,到 2022 年一季度通胀率超过 8%,达到 1981 年以来最高点。参见 Trading Economics, "United States Inflation Rate," May 7, 2022, https://tradingeconomics.com/united-states/inflation-cpi。

重大问题、提供更好的内外治理和改革方案获胜，而只能选择通过外交挑衅以及打压甚至污名化国内政治对手的拙劣伎俩获取选举优势。这一现象的常态化表明，美国政党政治的堕落在2016年和2020年大选之后达到了一个新的高度。

第三，这一生态的形成，尤其是2022年美国中期选举前夕联邦调查局对特朗普庄园的搜查事件表明，民主党甚至一小部分共和党内建制派精英仍将特朗普视为最大政治威胁和选举挑战，致力于借助司法力量对其进行打压。尽管拜登政府一再表示对司法部主导的调查一无所知，然而从调查时间的敏感性来看，背后的党派斗争因素不容忽视。一个最为直接和简单的事实是，美国司法部部长梅里克·加兰（Merrick Garland）本人便与特朗普存在基于党派和个人等因素的双重政治恩怨：作为民主党建制派精英，加兰在政治意识形态上与特朗普显然水火不容，而作为奥巴马政府执政后期美国联邦最高法院大法官的首要潜在人选，加兰的任命被共和党主导的国会一再搁置并最终被特朗普就任后选择的保守派大法官顶替的事实，更是使其对共和党尤其是特朗普心存芥蒂。在特朗普的政治声势卷土重来以及获得其背书的大量候选人在2022年美国国会中期选举的党内初选中脱颖而出等事实面前，民主党面临的政治挑战和选举压力可能并不比大选时期小，这一点成为美国政治生态"中选大选化"的重要动因。

从当前美国国内政治生态呈现出的"中选大选化"特征可以看出，党争白热化、极端化的现象已不仅局限于大选阶段，而是进一步下沉和扩散到了日常政治生活中，成为一种新的政治常态。其中，司法问题政治化、武器化的趋势扮演着重要角色。一旦美国国内形成这样一种党派斗争的模式，其政治制度将会被进一步破坏,政治极化和党派分裂也无疑将进一步加深,最终退化为一种所谓"报复性政治"。这种政党政治生态将比福山笔下的"否决政治"这一政治衰败的典型形态更为恶劣,可能引发美国国内的宪政危机乃至爆发某种形式的内战。① 实际上,2020年美国大选后的"冲击国会山"事件就是这种新的"报复性政治"的鲜明体现。另外,除了在政治精英层面的司法问题政治化、武器化会推动两党党争白热化外,一些产生重大社会影响的司法事件的政治化和武器化也会进一步加剧党派斗争。例如,上一章提到的2022年6月美国最高法院对旨在保护女性堕胎权的"罗伊诉韦德案"的推翻,就被广泛视为是主导最高法院的保守派大法官滥用自身司法权力以谋求政治利益的产物,这一趋势同样也是司法问题政治化、武器化的重要表征。在自由派尤其是其中的左翼进步派看来,最高法院大法官的右翼保守主义化结构将在未来左、右两大"政治部落"间更为广泛和激烈的"文化战争"中扮演更加负面的角色。随着以"报复性政治"为新特征的党派斗争白热化的态势持续发酵,美国政党政治将在精英和大众两个层面同步加剧极化、分裂和对抗。

除了2022年美国中期选举中的民主、共和两党博弈体现出鲜明的"报复性政治"特点以外,2023年以来备受关注的美国前总统特朗普受到多重刑事指控以及美国总统拜登面临国会众议院发起弹劾调查等一系列重大政治事件的出现,都表明"报复性政治"已经成为美国政党政治生态新的组成要件。第

---

① Francis Fukuyama, *Political Order and Political Decay: From the Industrial Revolution to the Globalization of Democracy*, New York: Farrar, Straus, and Giroux, 2014.

一,特朗普刑事指控案是美国"报复性政治"的极致表现。自特朗普政府执政开始,美国的政党政治极化之所以在"否决政治"的基础上进一步衍生发展出"报复性政治",就在于民主、共和两党不仅在意识形态和政策偏好上的斗争更趋白热化,而且针对政治对手的个人攻击、污名化甚至政治调查成为常态,进而持续推动司法武器化等"公器私用"现象的出现和不断加剧。在此背景下,一方面外界对特朗普被刑事指控事件已不再感到震惊和意外,另一方面也意味着美国政党政治极化和政治生态恶化到达了一个新的高度。在特朗普被刑事起诉的决定公布后,共和党人纷纷站出来声援特朗普,指责民主党出于党派政治目的将司法武器化,试图抹黑和打击特朗普及共和党。例如,时任美国国会众议院议长、共和党人麦卡锡就表示,起诉特朗普的黑人检察官阿尔文·布拉格(Alvin Bragg)试图干涉美国总统选举,对美国民主造成不可挽回的伤害,众议院共和党人将对布拉格及其"前所未有的权力滥用"进行问责。另外,民主党人则普遍强调起诉特朗普是正确的问责。例如,美国国会众议员、民主党人亚当·希夫(Adam Schiff)称,美国前总统被起诉是史无前例的,"但特朗普从事的非法行为也是如此"①。这一针锋相对的政治姿态表明,"报复性政治"的思维已经开始深入甚至内嵌于美国两党政治精英的意识中,发展为一种新的政党政治生态。

第二,拜登政府执政尤其是 2022 年国会中期选举后,美国民主、共和两党之间的"报复性政治"进入了新一轮循环,那就

---

① Benjamin Oreskes,"How Rep. Adam Schiff celebrated the fourth indictment of former President Trump ," *Los Angeles Times* , August 17, 2023, https://www.latimes.com/california/story/2023-08-17/how-rep-adam-schiff-celebrated-trumps-fourth-indictment.

是共和党及其占据多数地位的国会众议院开始围绕拜登及其家族存在的一系列涉嫌腐败的问题发起弹劾调查。如果说特朗普政府执政时期民主党主导的国会众议院对其发起的弹劾调查尚有一系列不利于特朗普的证词及其与乌克兰总统弗拉基米尔·泽连斯基（Volodymyr Zelenskyy）的谈话等证据，那么由麦卡锡所领衔的共和党众议院对拜登发起的弹劾调查则并不具备充分的证据，只能进一步表明美国政党政治生态的恶化和"报复性政治"日益常态化的趋势。① 例如，麦卡锡在宣布弹劾调查时仅仅提出了几项未经证实的说法，并未能提供任何证据证明拜登曾从其儿子的商业交易中获益，抑或拜登执政期间曾受到其子商业交易的影响。对此，白宫发言人伊恩·萨姆斯（Ian Sams）称，共和党的指控毫无证据，是"最恶劣的极端政治"②。这就表明，"部落化"趋势下的政党政治博弈与斗争的首要关注点并非事实真相与严肃的政治和法律程序，而是"报复性政治"本身所带来的政治效应甚至选举影响，这也是认同范式下美国两党政治精英变得日益短视的表现。长此以往，这种互动模式必然导致不同"政治部落"间彼此对立甚至敌视的程度不断深化。最终，美国所谓民主政治的质量不仅将进一步下降，而且还存在面临宪政危机的重大风险。

---

① Anthony Zurcher, "Biden impeachment inquiry: McCarthy says House will investigate president," BBC, September 13, 2023, https://www.bbc.com/news/world-us-canada-66779228.
② Melissa Koenig and Steven Nelson, "White House sends letter urging news outlets to 'ramp up scrutiny' of Biden impeachment inquiry," *New York Post*, September 13, 2023, https://nypost.com/2023/09/13/biden-impeachment-white-house-to-send-letter-urging-news-outlets-to-scrutinize-inquiry/.

五、美国政党政治的整合前景
——极化与"部落化"的同步强化

本章前四节内容分别从理念、结构、议题和生态四个方面梳理了认同范式下美国政党政治的研究议程,从而呈现出了一幅与周期范式下全然不同的美国政党政治图景。以此为基础,本节致力于探讨一个带有终极特征的问题:随着美国政党政治"部落化"趋势的持续推进和文化-身份矛盾重要性的不断上升,未来美国民主、共和两党将如何进行党内整合?这一问题之所以重要,就在于两党内部的整合结果将从根本上重塑美国的政党政治结构,亦即哪个政党能够更好地完成内部整合,就能够在处于时代变局的美国政党政治格局中赢得先机和主动,进而影响未来中长期美国政治乃至整个国家的发展方向。因此,我们有必要对近年来民主、共和两党面临的党内整合难题进行探讨。

(一)民主党的整合难题:多元平衡还是认同政治?

就民主党而言,前文提到,作为党内温和派和建制派的拜登政府自执政以来致力于回归罗斯福新政时代的传统,通过在多元群体之间寻求利益聚合点与平衡点来构建多数选民联盟以实现民主党的选举优势。然而,这一路径在变化了的国内政治和党内政治背景下,始终面临来自进步派和中右派的挑战,无法构建起持续有效的党内共识。同时,以"经济优先"议程为纽带的议题联盟还暗含着内部稳固性不足的问题。因此,民主党面临的根本整合难题在于,究竟是以温和派的中间主义为纽带对进步派与中右派进行多元平衡式的整合,还是彻底拥抱认同政治与"文化战争",以回应日益极化的政治环境与愈发撕裂的社会结构?

第一,以多元平衡为整合路径的民主党政治联盟在历史上取得过不可否认的政治成功,但却难以充分回应变化了的政治、社会环境带来的差异化诉求,陷入了顾此失彼、左支右绌的困境。从1932年罗斯福当选美国总统到1994年国会中期选举的长达半个多世纪的时间里,民主党几乎一直处于国会众议院多数党的有利地位,使得这一多元包容的新政联合体成为稳定的主导性国内政治联盟。然而,随着美国政治结构极化、经济结构虚化和社会结构分化的愈演愈烈,民主党内的多元化联盟构成越来越难以实现内部平衡与统筹。例如,在传统的白人蓝领阶层与少数族裔、外来移民之间,不仅存在就业机会与社会福利等经济意义上的利益冲突,而且随着全球化进程的深入推进和美国人口结构的深刻调整,双方近年来围绕价值观认同而产生的分歧与矛盾大有超越经济利益冲突之势,成为民主党政治联盟内部难以调和的问题。因此,多元平衡的整合路径虽然能够帮助民主党维持相对广泛的国内政治基础,但却面临着内部难以团结、派系之间利益和观念难以统合的巨大困境,最终使该党成为一个大而不强、选民数量众多但战斗力薄弱的政党,难以获得两党竞争的优势地位。

第二,面对美国国内人口结构变化(尤其在族裔和代际两个维度)和"文化战争"长期化的新常态,民主党内越来越多的政治精英尤其是其中的左翼进步派开始认为,最有效的党内整合路径是放弃传统的脆弱多元平衡结构,转而拥抱能够得到持有自由派立场的白人、持有温和保守派立场的少数族裔所共同接受的基于文化-身份的认同政治,只有这样才有可能帮助该党形成一个至少稳定的政治联盟。换言之,民主党必须朝着更能突显自身的政治底色和棱角,而非一味追求左右逢源的方向进行整合与转型,才能更好地适应变化了的美国国内政治与社会环境。当然,这种整合与转型的代价就是民主党将彻底失去包括白人蓝领群体在内的受教育程度偏低且持有中右派立场的传统选民群体,将其进一步推向特朗普与共和党。另外,一个拥抱认同政治的民主党在未来还将不可避免地强化自身的"非白人化"或"少数族裔化"发展趋势。上述整合方向对民主党而言更多的将是顺应时代大势之举,也更能增强该党的内部凝聚力,但对于美国政党政治而言,这一条整合路径势必将进一步推动"文化战争"的升级和两党政治的"部落化"演变趋势。

(二)共和党的整合难题:"特朗普化"还是"去特朗普化"?

就共和党而言,2022 年中期选举给其党内整合带来的最大现实挑战是:如何面对特朗普带来的正反两方面影响?一方面,在经过了特朗普政府执政四年对美国政治生态的深刻重塑以及 2020 年美国大选两党极为罕见的激烈较量引发巨大的选举结果合法性争议之后,一个不容忽视的关键现实是,特朗普在共和党内的号召力和影响力不减反增。这一现实在 2022 年美国中期选举的过程中体现得淋漓尽致。例如,通过特朗普庄园搜查事件可以看出,民主党政治精英不遗余力地对特朗普进行政治打击甚至污名化的做法恰恰表明共和党的"特朗普化"趋势仍在继续,该党正一步步演变为民主党担心的所谓"特朗普党"。尽管存在多项针对特朗普的调查和指控(除特朗普庄园搜查事件外还包括国会对2021年1月6日"冲击国会山"事件的特设委员会调查),他仍然在共和党内发挥着不可替代的举足轻重的作用。就在此次搜查事件发生后的2022年8月16日,特朗普极力为其背书的怀俄明州共和党众议员候选人哈丽雅特·哈格曼(Harriet Hageman)以巨大优势击败了在任众议员、共和党内反特朗普的建制派精英代表、前副总统切尼之女利兹·切尼(Liz Cheney),这被普遍认为是共和党正在进一步"特朗普化"的标志。① 因此,在民主党人看来,彻底终结特朗普的政治生涯不仅是阻止其2024年再度参选总统的最为直接和有效的手段,而且还能对共和党内部形成有力冲击和分化,从整体上削弱该党。正是由于特朗普本人在共和党内拥有的超高人气和超强影响力,此次调查事件已经引发大量特朗普支持者以及不少共和党政治精英的强烈反弹,他们认为联邦调查局沦为了党派代理人和党争工具,对特朗普庄园的搜查行为是一种政治迫害。更有甚者,一部分特朗普支持者在佛罗里达州展开了抗议活动,攻击民主党是"法西斯主义者",这一指控正在得到一部分中间选民的同情。② 从2022年美国中期选举的过程看,为特朗普背书的200余名共和党国会议员与州长候选人中,有超过180名在党内的初选中击败了对手获得提名,这一数字和事实成为共和党"特朗普化"趋势的最佳注脚。事实上,自2016年大选开始,共和党的整合速度与力度均明显

---

① "Liz Cheney is vanquished by Donald Trump," *The Economist*, August 17, 2022, https://www.economist.com/united-states/2022/08/17/liz-cheney-is-vanquished-by-donald-trump.
② "Brooks: Democrats 'tend to be more fascist'," Yellow Hammer, September 8, 2022, https://yellowhammernews.com/brooks-its-democrats-who-tend-to-be-more-fascist/.

超过民主党,其关键特征就是"特朗普化"。

然而另一方面,2022年美国中期选举的结果却让共和党过去六年狂飙突进的"特朗普化"进程遭遇前所未有的挑战。共和党建制派精英对特朗普及其追随者的接纳全然不是出于对其意识形态偏好的认同,而是基于对其选举动员能力的依靠,因此双方的合作是一种权宜的产物。一旦"特朗普化"带来的选举收益下降甚至成为一种选举负资产,"去特朗普化"的声音必然在共和党内部出现。此次中期选举结束后,不仅主流媒体和共和党建制派精英纷纷将指责的矛头对准特朗普,而且在特朗普宣布参加2024年总统大选的政治集会上,竟然没有任何一位新当选的共和党国会议员出席,可见特朗普在当下的共和党内部已然成为政治精英唯恐避之不及的对象。那么,共和党的整合路径是否会一改此前数年的"特朗普化"趋势,转而朝着"去特朗普化"方向发展? 笔者认为,无论特朗普个人的政治生涯是否终结,共和党的"特朗普化"趋势从选举地图重构、选民联盟重组和党内政治结构重塑等方面看,都已经成为一种中长期趋势,使得肇始于2016年美国大选期间的"特朗普革命"不仅在特朗普执政的四年里给美国政治带来了众所周知的巨大冲击,还将不可避免地对未来美国政治的走向产生更加持久和深远的影响。① 可以说,共和党的"后特朗普时代"远远没有到来。这场革命的内涵主要包括民粹主义/反建制主义、本土主义以及种族主义/白人至上主义三大要素,其生成和发展的动因在于冷战结束后全球化进程的深入推进对美国国内多元化社会力量产生了差异化冲击,民主、共和两党"对等极化"背

---

① 王浩:《美国政治的"特朗普革命":内涵、动因与影响》,《当代美国评论》2021年第2期。

景下文化多元主义的狂飙突进走到了"政治正确"的极端,以及与之并行不悖的新自由主义经济哲学加剧了社会贫富分化和阶层固化,进而使得建制派精英改革能力的缺失引发了美国社会中下层的强烈不满。因此,"特朗普革命"建立在深厚的政治社会基础之上,不会因特朗普个人政治前景的不确定性而受到根本冲击。可以预计,今后共和党的政治理念和竞选策略仍将难以摆脱特朗普带来的影响。

(三) 美国政党政治走向的三种理论图景:基于两党不同整合结果的分类

按照上述两部分分别对民主、共和两党党内整合前景的可能性分析,未来美国政党政治的走向将在理论上呈现出由四类可能的组合方式所构成的以下三种宏观图景:极化与"部落化"的同步弱化,极化与"部落化"的局部深化,以及极化与"部落化"的同步强化。

首先,极化与"部落化"的同步弱化这一美国政党政治理论图景所对应的民主、共和两党党内整合前景为民主党的多元平衡式整合路径与共和党的"去特朗普化"整合路径相结合。这一图景意味着美国的两大政党将分别在很大程度上摆脱各自党内的左翼和右翼激进与极端政治思潮及其势力的影响,从而一方面推动政党政治极化态势的扭转,另一方面减少"部落化"对政党作为一个整体所造成的"碎片化"冲击。例如,民主党内的多元平衡式整合路径将推动左翼进步派这一"政治部落"与党内温和派以及中右派达成更多共识,实现更大妥协,从而在此过程中弱化其文化-身份色彩,使得民主党作为一个整体能够聚焦那些避免加剧政治、社会分裂的务实性政策议题(如经济、就业和社会福利),并与共和党在政策选择方面找到更多的"最大公约数"。就共和党而言,"去特朗普化"的整合路径同样意味着与民主党形成一种相向而行的发展态势,避免党内的右翼民粹派这一"政治部落"对该党作为一个整体进行绑架与裹挟,从而帮助共和党回归传统的保守主义路线。如果这一理论图景能够成为现实,那么将对美国政治生态的修复、社会矛盾的缓解以及国内治理的改善起到重要的积极作用,因此是对美国政治发展最为有利的一种选择。然而,从本书的分析框架出发进行判断,这一理论图景并不具备现实条件,因而其能够实现的概率微乎其微。

其次,极化与"部落化"的局部深化这一美国政党政治理论图景所对应的民主、共和两党党内整合前景为民主党的多元平衡式整合路径与共和党的"特朗普化"整合路径相结合,抑或是民主党的认同政治式整合路径与共和党的"去特朗普化"整合路径相结合。上述两种整合前景的组合都意味着美国政党政治的极化和"部落化"趋势将会延续下去,不过其程度将会控制在一定范围内。例如,民主党的多元平衡式整合路径与共和党的"特朗普化"整合路径组合意味着,在右翼民粹主义继续在共和党内保持巨大影响力的同时,左翼进步主义在民主党内影响力下降。在此背景下,左、右两大政治阵营及其内部"政治部落"之间的文化战争的烈度将会保持在一定限度内,同时民主党内主流政治精英将继续致力于同共和党争夺在白人蓝领群体中的影响力,从而一定程度上将党派竞争的战线转移至经济-阶级议题领域,以抵消共和党的文化战争攻势对民主党造成的冲击,尤其是对左翼进步派的刺激。又如,民主党的认同政治式整合路径与共和党的"去特朗普化"整合路径的组合则意味着,在左翼进步主义继续在民主党内保持巨大影响力的同时,右翼民粹主义在共和党内影响力下降。在此背景下,左、右两大政治阵营及其内部"政治部落"之间的文化战争烈度同样会保持在一定范围和限度内;同时,共和党内主流政治精英将会致力于对民主党内中右派这一在意识形态和价值观光谱上与其更为接近的力量增强外部影响力,寻求更多发挥作用的空间,以此对民主党内左翼进步派构成制约。在本书的分析框架和逻辑看来,以上两种不同组合所构建的美国政党政治极化与"部落化"局部深化、总体可控的图景,在实践中实现的概率也较小,原因在于在当前的美国政治和社会环境中,一旦两党中的某一党朝着"部落化"和极端化的方向发展,另一党内部的极端派力量必然受其影响而寻求在党内发挥更大作用,由此使得上述组合能够稳定、持续达成的概率不大。

最后,极化与"部落化"的同步强化这一美国政党政治理论图景所对应的民主、共和两党党内整合前景为民主党的认同政治式整合路径与共和党的"特朗普化"整合路径相结合。这一图景意味着美国的两大政党都将在更大程度上受制于各自党内的左翼和右翼激进与极端政治思潮及其势力的影响,从而一方面推动政党政治极化态势的不断加剧,另一方面则会强化"部落化"趋势对政党作为一个整体所造成的"碎片化"冲击。例如,民主党内的认同政治式整合路径将推动左翼进步派这一"政治部落"与党内温和派以及中右派在更多涉及"文化战争"的问题上进行博弈甚至斗争,从而在此过程中进一步强化其文化-身份色彩,并试图掌握更多党内话语权,使得民主党作为一个整体难以聚焦那些避免加剧政治、社会分裂的务实性政策议题(如经济、就业和社会福利),并与共和党在政策选择方面面临越来越大的文化-身份张力。就共和党而言,"特朗普化"的整合路径同样意味着与民主党形成一种渐行渐远的发展态势,导致党内的右翼民粹派这一"政治部落"对该党作为一个整体进行更多的绑架与裹挟,从而推动共和党在政治极端主义和白人至上主义等更具右翼民粹色彩的道路上越走越远。如果这一理论图景成为现实,那么将进一步恶化美国的国内政治生态,加剧不同"政治部落"之间的矛盾和冲突,并最终令美国的国内治理能力进一步下降,因而是对美国政治发展最为不利的一种选择。然而,从本书的分析框架出发进行判断,这一理论图景恰恰是在现实条件下可能性最大的美国政党政治发展趋势,也是美国政党政治正在经历的时代变局的核心内容。

综上所述,尽管当前美国的民主、共和两党都在经历党内分化重组的重要阶段,并且其各自的整合前景都面临两条路线的选择,进而在理论上为我们提供了未来美国政党政治演变的三种图景。然而,建立在以"部落化"为核心特征的时代变局以及两党纷纷朝着观念型/部落主义政党转型的美国政党政治发展趋势的基础上,本书认为民主党的认同政治式整合路径与共和党的"特朗普化"整合路径是可能性最大的组合,由此推动美国政党政治的未来图景呈现出极化与"部落化"同步强化的特征。

第五章
认同范式视域下的美国社会裂痕与民主危机

在进行了美国政党政治研究范式创新和研究议程重置的基础上,认同范式对于文化-身份要素的强调,特别是对于后"自由主义-瓦斯普"共识背景下美国国内文化战争和身份政治兴起及其愈演愈烈的发展态势所具有的重要意义的逻辑阐释,还可以帮助我们更为深刻地理解当前美国社会裂痕加深与民主危机加剧的根源。本章将分别以近年来美国政党政治实践中备受关注且具有深远影响的两大事件——"罗伊诉韦德案"裁决和国会山骚乱事件——为案例,探讨认同范式视域下美国社会裂痕与民主危机持续深化和发酵的根源。

一、"罗伊诉韦德案"裁决与美国社会裂痕的加深

2022年6月24日,美国最高法院正式裁决1973年在联邦层面确立女性堕胎权的重要判例——"罗伊诉韦德案"违宪,标志着美国女性堕胎将不再受到宪法保护。在这一运行了近半个世纪的重要判例被推翻后,全美各地爆发了大规模的抗议

示威活动，美国总统拜登也对此发表了专门讲话，称这一裁决"让美国倒退了150年"①。

从美国宪法和政治制度设计的角度看，最高法院此次对于"罗伊诉韦德案"的裁决是宪法第三条赋予其"三权分立"中的司法权的直接体现，亦即对宪法原则和精神进行阐释并将其运用于法律实践，因而该裁决在法律程序上不存在任何问题。然而，"罗伊诉韦德案"裁决之所以在美国国内引发了巨大而深远的政治、社会反响，根本原因在于美国最高法院行使司法权的背后存在鲜明的基于文化-身份因素的政党政治博弈和价值观较量。由于美国宪法及其修正案在文本上仅有34条，无法对美国政治、经济和社会的方方面面做出事无巨细的法律规定，只能做出原则性和方向性的指引，因此如何对宪法条文进行阐释并在此基础上制定相应的法律便具有了相当大的弹性空间。例如，"罗伊诉韦德案"发生的20世纪70年代正处于美国多元文化主义兴起、自由主义改革和民权运动的高潮时期，因而当时的最高法院对于女性堕胎权的维护反映的是宪法对于个人主义原则的强调，亦即尊重个体的"选择权"（pro-choice）。而当前最高法院对"罗伊诉韦德案"做出的推翻裁决则以近年来美国国内保守主义和民粹主义思潮不断兴起为背景，反映的则是宪法对于个体"生命权"的尊重（pro-life）。结果是，无论"选择权"还是"生命权"在本质上都可以说是美国宪法精神的体现。因此，这一事实就使得最高法院司法权的行使变得十分重要，并进而为政治因素卷入其中提供了诱因。在美国两百余年

---

① "Remarks by President Biden on the Supreme Court Decision to Overturn Roe v. Wade," The White House, June 24, 2022, https://www.whitehouse.gov/briefing-room/speeches-remarks/2022/06/24/remarks-by-president-biden-on-the-supreme-court-decision-to-overturn-roe-v-wade/.

的发展历程中,最高法院大法官的人事任命及其意识形态构成成为民主、共和两党进行政治博弈的重要舞台,这一点在近年来美国国内政党政治愈发极化、党派斗争日益激烈和政治生态极端恶化的背景下体现得尤为明显。特朗普政府执政期间,先后有多达三名持有保守主义意识形态甚至白人至上价值观的大法官——布雷特·卡瓦诺(Brett Kavanaugh)、尼尔·戈萨奇(Neil Gorsuch)和艾米·康尼·巴雷特(Amy Coney Barrett)被任命,导致最高法院的意识形态结构压倒性地朝向了保守主义,形成了保守派和自由派6∶3这一近百年来最为保守化的意识形态格局比例,进而决定性地促成了此次"罗伊诉韦德案"裁决。①

按照本书构建的认同范式的理解,"罗伊诉韦德案"裁决在当前的美国政治社会背景下并非一个孤立事件,而是愈演愈烈的"文化战争"的缩影,即在历史上居于美国政治主导地位的白人盎格鲁-撒克逊新教文化与20世纪60年代民权运动以来兴起的多元文化主义之间的冲突,其中种族平等、性别平等、少数群体权利、枪支管控和移民问题等都是这场"战争"的"主战场"。特朗普政府执政后,右翼民粹主义和白人至上思潮在美国的泛起加剧了"文化战争"的烈度,成为共和党进行选举动员的有力武器。拜登政府执政后,为了最大限度弥合国内社会裂痕,重建肇始于20世纪30年代罗斯福新政时期以中产阶级选民为主体的民主党"新政联盟",取得相对于共和党的政党政治优势,制定了以经济议题为优先、回避"文化战争"的执政路线

---

① "The Supreme Court is the most conservative in 90 years," NPR, July 5, 2022, https://www.npr.org/2022/07/05/1109444617/the-supreme-court-conservative.

图,通过疫情纾困法案、大规模基建计划以及《重建更好未来法案》,重振美国的中产阶级,争取广大中间选民群体的支持。从执政逻辑上讲,这一路线图目标清晰、方向明确,是一个有利于民主党的战略选择。然而由于美国政治环境出现了以政党极化和政治生态极端恶化为核心的深刻变化,共和党极力破坏拜登的执政路线图,使之不仅未能复制罗斯福新政的成功,反而陷入了内外交困的被动处境。其中,"罗伊诉韦德案"被推翻事件就是共和党保守派对民主党发起的"文化战争"的集中写照。

上述事实表明,自特朗普政府执政开始,美国社会文化领域的保守主义转向正在加速,"瓦斯普"文化以及走向极端和异化的白人至上思潮甚至白人民族主义对多元文化主义的反击正在强化,而"罗伊诉韦德案"裁决则成为这一过程中的一个关键节点,标志着这场反多元文化主义的社会运动在有利的国内政治和社会环境,尤其是最高法院意识形态构成的推动下,正在走向全面和纵深发展。基于此,我们有必要从这场极具争议且影响深远的裁决入手,深入分析当代美国保守主义及"瓦斯普"文化价值观的演化逻辑,进而为理解当前和未来美国社会矛盾的发展方向及路径提供学理支撑。概言之,当代美国保守主义与"瓦斯普"文化价值观的演化是一个渐进积累并最终大规模复起推进的过程。在此期间,20世纪80年代的里根革命和2016年以来形成的特朗普革命扮演了重要角色,使得当代美国的保守主义和"瓦斯普"文化价值观被赋予了四重内涵:作为政治意识形态和动员工具的保守主义和"瓦斯普"文化、作为社会文化理念的保守主义和"瓦斯普"文化、作为民族国家象征的保守主义和"瓦斯普"文化以及作为政治哲学方法论的保守主义和"瓦斯普"文化,上述内涵及其发展将对美国中长期社会文化的演变产生重大影响。①

(一) 作为政治意识形态和动员工具的保守主义和"瓦斯普"文化的复兴

保守主义作为一种政治意识形态脱胎于并继承了古典自由主义的基本思想与政策理念。本书导论部分已经提到,古典自由主义的价值理念在美国的政治实践中产生了极为深远的影响,不仅成为美国宪法及其一整套政治制度的灵魂,而且构成了美国式生活方式的基本内核,确立了美国"国家-社会"关系的根本准则。其中,法治精神、个人主义、理性主义、有限政府和市场经济等被视为古典自由主义的关键信条。在这一意识形态的指引下,美国的社会生产力获得了极大解放,创造精神和拼搏勇气成为生活在这片土地上的人们尤其是新移民追求实现"美国梦"的秘诀,进而为这个充满活力的新兴国家迅速崛起为世界大国奠定了重要基础。②

到了19世纪后期,古典自由主义治下的美国却出现了由几乎不受权力约束的经济寡头和完全放任自由的市场相结合产生的一系列严峻问题,尤其是贫富悬殊。最终,1929—1933年的"大萧条"使得这一意识形态宣告破产。以罗斯福新政为起点,现代自由主义——强调政府在经济活动中的调控作

---

① 笔者之所以选择用"特朗普革命"而非"特朗普主义"描述2016年以来"特朗普现象"的兴起,原因有二:一是历史上以美国总统命名的各种主义通常运用于外交而非内政领域,如"杜鲁门主义""尼克松主义"和"里根主义"等;二是近年来,美国政治社会发生的变化在深度和广度上可能都不亚于20世纪80年代的"里根革命",因而用"特朗普革命"来描述这种变化,既有历史参照,又突显其重要性。
② 高连奎:《为何美国是老大——美利坚200年改革实录》,上海:上海文化出版社,2013年,第五章。

用和构建福利国家的新型意识形态——成为进步和主流,因此古典自由主义随之被冠以保守主义,现代自由主义则成为当代美国政治语境中的自由主义。与保守主义相比,自由主义的核心理念从"反政治权力"演化为"反经济权力",即通过有效约束资本的力量使得社会贫富差距不断缩小,朝着阶级平等的方向发展。这一政治意识形态自罗斯福新政兴起后一直持续到20世纪70年代。以1980年大选中共和党总统候选人罗纳德·里根(Ronald Reagan)的压倒性胜利为标志,作为政治意识形态的保守主义强势回归并持续至今,在经济意义上彻底终结了罗斯福新政后自由主义的主导地位。以里根革命开启的保守主义复兴的动力在于20世纪70年代战后资本主义繁荣的结束标志着自由主义的经济理念走向困境,导致联邦政府机构臃肿不堪,财政赤字与日俱增,经济活力下降与"滞胀"频发。结果是,美国当代自由主义者的政治对立面——"新右派"(New Right)逐渐崛起为一支极具影响力的政治力量,一种致力于回归古典自由主义取向的发展理念成为美国政治的主导原则,其中有限政府、减税、平衡预算以及对金融监管的松绑等构成了这一理念的核心,并且保守主义的此次复兴进一步强调了财产权和私有化的重要性,进一步走向了市场原教旨主义。此后,尽管民主、共和两党经历了多轮交替执政,但保守主义作为政治意识形态的复兴持续至今,美国的经济政策和社会贫富差距的走向仿佛重新回到了一百年前的轨迹,进而被学者冠之以"新镀金时代"①。另外值得一提的一个有趣现象是,与作为政治意识形态的保守主义在美国经济政策领域大行其道并行

---

① Larry M. Bartels, *Unequal Democracy: The Political Economy of the New Gilded Age*, New York: Russell Sage Foundation, 2008.

不悖的是,在此期间自由主义的社会文化理念始终主导着美国的社会政策,因而作为社会文化理念的保守主义在当代美国的复兴要显著晚于前者。这一分裂现象表明,美国国内在此期间存在两种相互矛盾又势均力敌的政治诉求:一是希望保守主义的复归能够确保美国的自由与安全,二是希望现代自由主义能够保障美国的社会多样性和开放特征。

通过以上梳理可以发现,作为政治意识形态的美国保守主义在当代的复兴始于里根革命,并且是在与自由主义进行的长期性此消彼长的较量中实现的。它的复兴一方面解决了当时美国经济由自由主义过度伸展带来的一系列难题,带领美国经济走出了困境、找回了活力,进而为冷战结束后美国经济的强势表现做出了重要贡献,但另一方面市场原教旨主义的回归也再一次加剧了美国社会的贫富分化和阶级矛盾。然而无论如何,作为美国自立国起就视为圭臬的元意识形态,保守主义的当代复兴不仅有其深厚的历史和观念基础,也存在深刻的政治逻辑。基于此,对于保守主义的跟踪是观察当前和未来美国经济、社会走向的重要窗口。

与保守主义的复兴路径不同,"瓦斯普"文化作为美国政党政治动员工具的回归要复杂和晚近得多。究其原因,主要在于保守主义在20世纪70年代的复兴首先是经济-阶级意义上的,在很大程度上得益于美国资本主义经济所具有的周期性演化规律的推动。然而"瓦斯普"文化更多地涉及社会文化理念,在当代自由主义提倡的多元文化主义在社会文化领域仍然占据主流地位以及美国社会中的"政治正确"原则大行其道的背景下,"瓦斯普"文化的传统主导地位一方面不断受到侵蚀,另一方面则在民主、共和两党"对等极化"的背景下未能随着保守主义的当代复兴而同步回归。这就表明，与由经济周期决定的政治意识形态周期不同，认同问题在美国政党政治实践中的突显有赖于更深层次的社会结构性变化，这种变化最终发轫于特朗普革命。

(二) 作为社会文化理念的保守主义和"瓦斯普"文化的复兴

与作为政治意识形态和动员工具的保守主义和"瓦斯普"文化相伴相生，作为社会文化理念的保守主义和"瓦斯普"文化则在美国建国伊始就确立了其在美国社会领域的主导地位，其他形形色色的多元文化则处于从属地位。因此，保守主义和"瓦斯普"文化在社会文化意义上的本质是反多元主义的。然而正如前文论及的，从20世纪60年代开始，当代自由主义在美国社会文化领域的异军突起，尤其是轰轰烈烈的民权运动和"反文化运动"的持续推进，使得维护属于社会弱势群体的少数族裔、女性和性少数群体等的政治、社会权利的观念逐步上升为一种"政治正确"。[①] 20世纪70年代美国社会兴起的"肯定性行动"则进一步加速了上述观念的发展。[②] 冷战结束后，全球化进程的深入推进与外来移民的进一步增多在美国的政治实践中形成了与"政治正确"紧密相关的另一个政治、社会理念——身份政治，即社会群体依据文化和价值观认同展开集体政治活动，从而在观念层面增加了美国社会结构的内在张力，引发了剧烈的社会分化。冷战结束后美国两党政治的"对等极化"，使得在共和党及其保守主义理念主导美国经济政策议程的同时，民主党及其提倡的多元文化主义成为美国社会发展的指引性原则。多元文化主义反对白人盎格鲁-撒克逊新教文化

---

① 赵梅：《美国反文化运动探源》，《美国研究》2000年第1期。
② 张立平：《论肯定性行动》，《太平洋学报》2001年第3期。

一直以来在美国社会中的绝对支配地位,强调少数族裔和社会边缘群体的独特文化传统,尤其是其受压迫和歧视的历史,主张通过在社会政治生活和公共政策中对这类群体进行平等甚至特殊对待,弥补过去的"不正义"。

在多元文化主义兴起的背后,最为根本的支撑性力量是美国人口结构自冷战结束以来的重要变化。无论是在前文提及的种族-文化结构层面,还是在代际层面,美国人口结构的变化都将不可避免地带来美国主流文化价值观以至于国家认同的重塑,进而深刻改变美国的政治、经济和社会图景。其中,多元文化主义与身份政治产生的最重大社会影响是对美国以白人盎格鲁-撒克逊新教文化为内核的国家认同构成了重大冲击,引发了信奉多元文化主义的自由派和秉持白人文化主导性的保守派之间的"文化战争",从而逐步导致今天美国社会的深度撕裂和对撞。① 在多元文化主义兴起的剧烈冲击下,居于传统主体地位的白人逐步打破了经济-阶级藩篱,使得种族主义、白人至上思潮和白人民族主义等保守主义意识形态和"瓦斯普"文化的极端形式成为这一群体尤其是其中的保守派群体联合一致支持"特朗普革命"的主要动力。因此,以2016年美国大选和"特朗普革命"的出现为标志,当代美国保守主义和"瓦斯普"文化作为社会文化理念再度兴起,并与白人至上思潮的迅速出现相结合,使得当代美国保守主义和"瓦斯普"文化中的反多元文化主义内涵攀升到一个新的高度。

总的来看,如果说特朗普政府时期美国社会文化领域的保守主义和"瓦斯普"文化的复兴停留在社会运动层面,那么拜登

---

① 王浩:《当代美国的政党政治极化:动因、走向与影响》,《美国问题研究》2020年第2期。

政府执政以来这一趋势不仅并未逆转,反而进一步深化。其标志就是"罗伊诉韦德案"的推翻使得作为社会文化理念的保守主义从运动式的复兴过渡到了法律和制度层面的复兴。这就表明,以特朗普革命为一个重要里程碑,保守主义和"瓦斯普"文化对于当代自由主义和多元文化主义的反击从经济领域进一步扩展到了社会文化领域,进而推动美国经济、社会全面保守化阶段的到来。正是从这个意义上讲,特朗普革命对于美国的深刻影响将不亚于当年的里根革命。

(三) 作为民族国家象征的保守主义和"瓦斯普"文化及其兴起

以特朗普革命的出现为标志,当代美国保守主义和"瓦斯普"文化在强势复归的过程中还表现出了值得关注的另一大新兴内涵,那就是对自"二战"结束开始长期主导美国内政、外交政策的自由国际主义思潮构成根本性冲击和挑战的本土主义和反全球化理念迅速崛起,它们以在内政领域的反移民、反"政治正确"原则和反多元文化主义,以及在外交领域的反自由贸易、反多边主义和重构现有国际秩序为核心诉求,对近年来美国的内政、外交政策进行了重塑。尤其引人注目的是,在当代保守主义和"瓦斯普"文化对自由主义和多元文化主义强势回击的今天,随着美国霸权地位的相对衰落和内部挑战的日益加剧,美国内政、外交政策之间的界限正变得日益模糊,外部挑战越来越被华盛顿政治精英尤其是保守派政治力量视为一系列深层次国内经济和社会危机的根源。与此同时,国内愈发尖锐和深刻的矛盾反过来也在越来越大程度上被投射到外交领域,成为美国外交政策日益背离自由国际主义传统的国内政治根源。这种内政-外交互联互动的新格局成为美国研究的一项全新课题。① 在这一背景下,保守主义和"瓦斯普"文化正在推动美国日益朝着民族国家而非传统的自由霸权的方向加速演进。②

在实践中,保守主义和"瓦斯普"文化的反全球主义及本土主义的内涵在内政、外交领域主要表现在三个方面:一是经济政策领域的贸易保护主义与国内再工业化,二是对于现存的自由国际秩序的重构,三是国内社会政策领域强烈的反移民倾向。

首先,近年来美国在经济政策领域的贸易保护主义与国内再工业化政策深刻重塑了美国自身的产业结构,并对全球产业链、供应链格局形成了显著冲击。早在特朗普政府执政时期,通过关税、设置贸易壁垒等手段向主要贸易伙伴国施压,甚至发起"贸易战",成为美国贸易保护主义理念抬头的最直接反映。此外,在特朗普政府的贸易政策呈现出安全化、泛政治化趋势愈发显著的背景下,美国开始通过行政力量推动国内和国际产业结构的重塑,尤其是试图以此重振美国本土的制造业,服务国内产业工人的利益。上述贸易政策及其实践鲜明反映出当代美国保守主义和"瓦斯普"文化蕴含的民族国家底色,使之与"二战"后形成的美国贸易政策传统相背离。③ 拜登政府执政以后,尽管其一再宣称要大幅修正特朗普政府的外交政策、重振美国的全球领先地位以及自由主义国际秩序,但却在

---

① 王浩:《拜登主义与美国外交政策的转型》,《国际问题研究》2024 年第 1 期。
② 谢韬:《美国大转型:从"例外"国家到民族国家》,《探索与争鸣》2020 年第 7 期。
③ 王浩:《美国政治的"特朗普革命":内涵、动因与影响》,《当代美国评论》2021 年第 2 期。

贸易政策领域基本继承了特朗普政府的保护主义取向，被视为是民主党建制派对贸易保护主义的再包装，是改头换面的"美国优先"原则的再出场。① 例如，拜登政府提出的"中产阶级外交"理念，在实践中表现为消极对待双边及区域自贸协定议程，因为这些安排对于国内以劳工为代表的社会中下层不利。正是拜登政府的这一立场使得先前美国可能重返亚太地区的"跨太平洋伙伴关系协定"（Trans-Pacific Partnership Agreement，TPP）以及重启与欧洲国家的"跨大西洋贸易与投资伙伴协定"（Transatlantic Trade and Investment Partnership，TTIP）谈判等始终未能提上拜登政府的议事日程。这就表明，保守主义和"瓦斯普"文化中反全球主义和本土主义浪潮对于美国国际经济政策的影响是跨党派和持久的。究其根源，主要在于冷战结束后美国传统经济中心东北部因产业结构分化、制造业竞争力下降而走向政治分裂，其中以白人蓝领为主体、以日趋衰落的传统制造业为主导的五大湖区"铁锈地带"成为自由国际主义的坚定反对者。② 在这部分政治-社会力量看来，全球化和

---

① 参见刘飞涛：《拜登"服务中产阶级的外交"：理念、方略及前景》，《美国研究》2021年第4期。对于拜登政府重振自由主义国际秩序的政策宣示，参见 Joseph R. Biden, "Why America Must Lead Again: Rescuing American Foreign Policy After Trump", Foreign Affairs, Vol. 99, No. 2, March/April 2020, pp. 64-76；"Remarks by President Biden on America's Place in the World", The White House, February 4, 2021, https://www.whitehouse.gov/briefing-room/speeches-remarks/2021/02/04/remarks-by-president-biden-on-americas-place-in-the-world/。

② 在2016年美国大选的"铁锈地带"各州中，俄亥俄、密歇根、宾夕法尼亚、威斯康星和印第安纳等全部成为特朗普及其倡导的本土主义理念的支持者，进而引发了美国选举政治的一场重要"地震"。实际上按照政治学者的已有研究，白人蓝领群体对于自由主义的疏离并非一种政治突变现象，而是自20世纪80年代以来长期积累的结果，只不过2016年大选迎来了一个"临界点"。参见 Larry M. Bartels, Unequal Democracy: The Political Economy of the New Gilded Age, Princeton: Princeton University Press, 2008。

自由贸易带来了美国产业结构空心化、社会贫富分化以及蓝领就业岗位的大量流失,一系列基于多边主义原则的全球治理过程和频繁的海外干涉则消耗了本应投向国内的重要战略资源,有损于美国国家利益。拜登政府执政后,为全力争夺作为关键选区的上述地带、重建对民主党政治前景至关重要的"蓝墙",美国在贸易政策上不仅继承了特朗普政府时期的主要做法,而且其保护主义底色更加明显。① 这就表明,美国自由国际主义的最重要支柱——基于自由主义取向的贸易政策——不复存在。

其次,特朗普政府时期对现存基于自由主义的国际秩序的重构努力也成为作为民族国家象征的美国当代保守主义和"瓦斯普"文化兴起的有力例证。众所周知,特朗普政府极力排斥"二战"后建立并成为美国霸权核心支柱的国际制度和多边主义,原因在于其认为联合国代表的国际组织、多边制度安排及全球治理增加了美国的外交成本,有损其国家利益。结果是在特朗普任内,美国退出了十个主要的国际组织和多边协定,这一数字远超"二战"后的历任美国总统。② 拜登政府执政后,美国不仅没有全力重返而仅仅是有选择地重新参与特朗普政府退出的上述国际组织和多边协定,而且在重振自身全球领先地位的过程中时刻不忘国内政治,体现出日益鲜明的民族国家特性。例如,拜登政府在其《临时国家安全战略指南》序言中就写道,本届政府希望"向美国民众表明,美国不是为了自我感觉良好而致力于领导世界。这是确保美国人民能

---

① 参见余翔:《拜登政府贸易政策令人失望》,《环球时报》2022年1月27日。
② 参见澎湃号:《迄今为止,美国都退了哪些群?》,澎湃新闻网,2021年3月26日,https://www.thepaper.cn/newsDetail_forward_11896996。

够生活在和平、繁荣和安全之中的方式,符合美国不可否认的自身利益"①。

最后,特朗普政府执政时期,保守主义的反全球主义倾向还集中表现在处理移民问题时态度十分强硬,在就任第一周即发布针对七国公民的"禁穆令",并在之后将赴美旅行禁令的范围进一步扩大到十一个国家。此外,特朗普政府还以行政令的方式推行针对边境非法移民的"骨肉分离政策"。在联邦法院叫停的压力下,特朗普政府暂缓了该项政策。拜登政府执政以来,美国在移民政策上大幅逆转了特朗普政府时期的立场,但由此加剧的边境难民危机成为当前美国政党政治进一步极化的重要因素之一。与种族关系和女性平权一样,两党在移民问题上的针锋相对同样反映出在美国国内保守主义和"瓦斯普"文化强势兴起的今天,当代自由主义的一系列"政治正确"和多元文化主义主张正在面临越来越大的挑战。随着"文化战争"的不断深入和最高法院意识形态偏好的保守化趋势最终定型,未来美国政治中的移民问题不可避免地会成为保守派在社会文化领域发起进攻的又一个主要"战场"。

(四) 作为政治哲学方法论的保守主义和"瓦斯普"文化及其异化

作为脱胎于古典自由主义意识形态的保守主义,不仅在世界观上体现出其基本内核,而且还在方法论上继承了古典自由

---

① "Interim National Security Strategic Guidance," The White House, March 3, 2021, https://www.whitehouse.gov/wp-content/uploads/2021/03/NSC-1v2.pdf.

主义这一政治哲学的基本原则,那就是建立在实用主义基础上的改良主义,通过本书的论述可以看出,这种改良主义根本上服务于"瓦斯普"文化在美国政治和社会中的主导地位。前文提到,古典自由主义的这种方法论与其世界观一样在美国政治的实践层面产生了极为深远的影响,其对于经济、社会发展中存在的问题持渐进改革的态度成为美国两百余年来得以实现稳定发展的根本保障。在此过程中,基于实用主义哲学的改良主义成为"美国版"自由主义方法论的核心,并在实践中推动形成了美国政治的变革传统。

然而,在罗斯福新政及其形成的现代自由主义主导下的美国政治、经济和社会改革中,脱胎于古典自由主义的保守主义却与之渐行渐远,并最终出现了当代意义上的异化,从"反激进变革"蜕变为"反进步变革"。具体而言,这一异化存在于以下历史逻辑中。在20世纪30年代开启的现代自由主义经济、社会改革中,保守主义者一开始秉持较为中立和客观的立场,因为这一改革不仅帮助美国走出了"大萧条"的危机和困境,而且显著弱化了美国社会的贫富分化和阶级矛盾。基于此,共和党内部在此期间甚至出现了相当一部分同情罗斯福新政的政治社会力量,进而在20世纪50年代形成了美国政治中极为罕见的"四党制"运作模式,即民主党和共和党各自内部都有自由派和保守派,两党之间的意识形态和政策理念分歧不断缩小。但到了20世纪60年代,随着现代自由主义的经济议程陷入困境、社会理念趋向极端,保守主义者逐渐对其产生越来越显著的抵触和厌恶心理。在经济领域,保守主义认为自由主义信奉的凯恩斯经济学及"大政府"做法是美国经济走向"滞涨"和衰退的罪魁祸首,开始呼吁回归古典自由主义的经济路线以解决当时美国经济面临的问题。在社会文化领域，以民权运动、反文化运动及其后的肯定性行动等为代表的多元文化主义运动在保守主义者看来冲击了美国主流的文化价值观，是一种道德的堕落和文明的衰败，因此呼吁回归盎格鲁-撒克逊文化及其生活方式以重新寻求美国国家认同。保守主义的上述诉求在20世纪70年代开始逐步成型的当代美国政党政治极化背景下，逐渐演变为两种意识形态在方法论上的激烈较量。正是在这一过程中，党派斗争与社会分裂加深了自由主义和保守主义之间的裂痕，使得自由主义在经济和社会领域日益走向激进的同时，保守主义相应地日益走向"反动"，形成了一种类似于螺旋上升形态的恶性循环。

随着"里根革命"的成功，保守主义和"瓦斯普"文化率先在国内经济政策领域实现了成功反击，结果是20世纪80年代以来美国经济的发展路径选择了有限政府、减税、平衡预算以及对金融监管的松绑，这就意味着保守主义以拒斥一切进步变革为理念和原则的强势回归。在此过程中，保守主义的经济学不仅没有接纳和吸收罗斯福新政以来自由主义所蕴含的任何积极特质，而且变本加厉地走到了前文提及的市场原教旨主义的极端。这一取向在经济领域有力印证了当代保守主义和"瓦斯普"文化的"反进步变革"取向，其结果自然也是灾难性的。无论是冷战结束后美国日益加剧的贫富分化和2008年金融危机的爆发，还是2020年新冠疫情危机下美国经济、社会面临的各种问题和挑战，都表明作为政治哲学方法论的保守主义和"瓦斯普"文化的"反进步变革"取向给美国经济、社会发展带来了负面影响。

在社会文化领域，当代保守主义和"瓦斯普"文化"反进步变革"的异化则体现得更为明显和令人印象深刻。在20世纪80年代的经济反击取得成功后,保守主义和"瓦斯普"文化一直致力于在社会文化领域同样取得相对于当代自由主义和多元文化主义的胜利。然而,在冷战结束后全球化进程迅猛推进和美国人口结构持续变化的背景下,多元文化主义作为一种政治正确始终占据着美国社会的主流地位。以2016年美国大选和"特朗普革命"的出现为重要标志,保守主义和"瓦斯普"文化找到了一个有力的突破口,以白人至上思潮和反建制运动为抓手对多元文化主义和"政治正确"发起了猛烈的攻势,从而在社会文化领域将其"反进步变革"取向发挥得淋漓尽致。在这一过程中,美国社会中愈演愈烈甚至走向失控的"文化战争"成为其注脚。从夏洛茨维尔冲突到弗洛伊德事件,从选举权限制行动到"罗伊诉韦德案"裁决,当代美国的保守主义和"瓦斯普"文化正在愈发成为一种与半个世纪以来的主流进步变革针锋相对的政治思潮和社会运动,它不仅在里根革命以后推动形成了特朗普革命,从而在经济和社会两个领域实现了"反进步变革"的一系列诉求,而且随着美国经济、社会结构性矛盾和政治极化的日益突显和加剧,这一思潮和运动必将成为塑造今后美国政治、经济和社会结构的重要力量。如何面对一个全面保守化的美国,也将成为整个世界需要思考和应对的重大问题。

二、国会山骚乱事件与美国民主危机的出现

如果说"罗伊诉韦德案"裁决意味着美国国内基于认同的社会分裂推动保守主义和"瓦斯普"文化的复兴对当代自由主

义和多元文化主义发起了史无前例的大规模反击,那么2020年美国大选后爆发的国会山骚乱事件则更多地指向基于认同的政治分裂的出现,进而引发了美国的民主危机。2021年1月6日,超过2 000名特朗普的支持者基于对2020年美国总统大选结果的不满和质疑,发起大规模示威抗议并冲进了位于美国首都华盛顿的国会大厦,对美国国会联席会议造成了干扰。当时,美国国会联席会议正在对2020年大选的选举人团投票结果进行计票确认,并确定了拜登胜选的最终结果。然而在这群示威者的冲击下,国会大厦建筑群被封锁,立法者和工作人员被紧急疏散,在此骚乱的过程中有多达5人丧命、140余人受伤,成为美国的民主政治自南北战争结束后出现的最大危机。在认同范式看来,造成国会山骚乱进而美国民主危机出现的根本原因在于近年来美国国内不同政治群体基于文化-身份要素的政治博弈和斗争日益激化,在前文提到的政党政治"部落化"发展趋势下,这种博弈和斗争对美国的宪法框架和政治体系造成了剧烈冲击,反映出在后"瓦斯普-自由主义"共识下美国民主危机背后深刻的价值观根源。

具体而言,2020年美国大选后国会山骚乱事件的发生有诸多原因。民主党候选人拜登虽然赢得了大选,但不少人基于认同原因以及历史经验认为,拜登团队和民主党使用了不正当的、非法的竞选手段。从历史上看,美国国内有19个县在1980年到2016年的历次美国总统大选中的投票结果总是与全国范围内的选举结果保持完全一致,因此这些县被称为"风向标县"。其中,新墨西哥州的瓦伦西亚县(Valencia)更是从1952年起每次都能精准地预测总统大选结果。然而在

2020年的大选中,共和党候选人特朗普赢得了这19个县中的18个,但却输掉了整个大选,这就使得阴谋论和怀疑论开始甚嚣尘上。① 同样地,作为美国政治选举的重要风向标州,俄亥俄州和佛罗里达州从20世纪30年代起的历次总统选举结果也基本上与全国的最终选举结果保持了一致,均只有两次例外。然而,特朗普在2020年大选中在上述两州均取得胜利的情况下却输掉了大选。基于此,共和党的支持者坚定地认为,是民主党和拜登团队的选举舞弊行为导致了对大选结果的扭曲。历史上,美国的政治选举虽无有组织的、系统性的舞弊出现过,但个别的、偶然性的舞弊确实可能存在,而选民对个别舞弊现象的印象以及媒体围绕这一问题进行的大量报道很容易让人认为这是一种十分普遍的政治现象。② 从2020年11月9日司法部部长威廉·巴尔(William Barr)下令调查与选举舞弊有关的指控,到同年12月1日该调查宣布并未发现2020年大选存在舞弊现象,整个过程仅用了20天。显然,在认同因素的作用下,共和党尤其是特朗普的支持群体根本无法对上述调查结果产生信任。

新冠疫情也是导致2020年美国大选出现较多争议的原因,特别是加剧了民主、共和两党围绕"不在场投票"(absentee voting)问题的斗争,但归根到底,这一原因仍然植根于两党及其政治联盟在认同问题上的巨大分歧所导致的政治互不信

---

① John McCormick, "Bellwether Counties Nearly Wiped Out by 2020 Election," *The Wall Street Journal*, Nov. 13, 2020, https://www.wsj.com/articles/bellwether-counties-nearly-wiped-out-by-2020-election-11605272400.
② Brian J. Fogarty, David C. Kimball & Lea-Rachel Kosnik, "The media, voter fraud, and the U.S. 2020 elections," *Journal of Elections, Public Opinion and Parties*, Vol. 32, No. 1, 2022, pp. 46-66.

任。① 在选举过程中,民主党积极引导选民进行邮寄投票,而特朗普和共和党方面却认为大规模邮寄投票导致选举操纵和舞弊变得更为容易。此外从技术角度讲,新冠疫情还会导致大量感染者不能去现场投票,因此选举工作人员将不得不在医院附近设立临时的投票站并协助患者选民进行投票,进而使人怀疑其中部分患者选民的选票被篡改。不仅如此,疫情导致的大量选民死亡还为共和党和特朗普方面提供了指责在选举中存在大量"幽灵选民"和"死人投票"等现象的证据。② 最后,新冠

---

① "不在场投票"指的是选民因故不能到规定的投票站投票的替代方式,具体方式则包括提前投票(early voting)、邮寄投票、委托他人投票,以及因故在医院、大使馆或战场等地进行临时投票等。随着技术的进步,未来还可能出现新的不在场投票方式。客观地看,不在场投票确实非常容易引起选举操纵和舞弊行为,尤其是在各地政府的选民名册未能进行及时更新的情况下。如果所谓"幽灵选民"的名字被盗用,或者非法选民被人操纵,那么邮寄投票将会为这些选举舞弊行为提供极大便利,并且很难被人发现和受到应有的惩罚。具体而言,不在场投票之所以成为 2020 年美国大选中的关键争议焦点,是由多个原因造成的。首先,新冠疫情的爆发使得美国政府工作效率降低,选民名册上很多已经搬家或者死亡的选民的名字不能被及时删除,进而为某些不法分子利用这些名字进行身份欺诈提供便利。其次,在新冠疫情爆发的背景下,一些美国人在大选年离世,家属代替死者投票的现象可能广泛存在;同时,在医院接受救治的病人也可能需要委托他人投票,这可能会使得受托人有机可乘,从而篡改投票意愿。最后,最重要的一点是,不在场投票的方式很容易让人联想起民主党糟糕的选举诚信记录,历史上的民主党人非常擅长通过邮寄选票进行欺诈,这实际上是特朗普制造的阴谋论得以广泛流行的重要原因。

② "幽灵选民"和"死人投票"已经困扰美国将近 20 年。美国没有户籍管理制度,政府对户籍和人口流动信息的掌握和更新很不及时。美国人口调查局的数据显示,美国的登记选民数量比在世选民可能多出数百万。有学者统计指出,在美国登记投票的人数比在世的美国成年公民多出大约 350 万,全国至少有 462 个县存在"幽灵选民"问题,例如,华盛顿州的克拉克县选民登记率为 154%,佐治亚州富尔顿县的选民登记率为 108%。还有媒体早在 2018 年时便做过统计,各个主要的摇摆州的"幽灵选民"人数分别为:科罗拉多州,16 万;佛罗里达州,10 万;艾奥瓦州,3 万;密歇根州,22 万;新罕布什尔州,8 000;北卡罗来纳州,18 万;弗吉尼亚州,9 万。参见 Editorials,"U. S. Has 3.5 Million More Registered Voters Than Live Adults," *Investor's Business Daily*, August 16, 2017, https://www.investors.com/politics/editorials/u-s-has-3-5-million-more-registered-voters-than-live-adults-a-red-flag-for-electoral-fraud/;Deroy Murdock,"At least 3.5 million more people are on(转下页)

疫情还导致两党对选举观察员的行为规范的理解存在较大偏差，这也是激起关于选举舞弊阴谋论的重要来源。大多数共和党人不认为新冠疫情会危害人的健康，因此他们拒绝戴口罩和保持社交距离。特朗普宣称，宾夕法尼亚州和密歇根州的选举观察员被禁止进入计票大楼，然而，底特律的官员却说这是疫情期间不能让太多观察员同时进入大楼所致。共和党派出的观察员声称他们遭遇到不公平对待，甚至有的人被逐出投票和计票场所。然而，密歇根州州务卿却表示，这是因为他们没有正确佩戴口罩、拒不遵守社交距离准则，以及涉嫌干扰选举人员的工作。有的共和党人甚至提起诉讼，宣称有些县的计票程序是在没有选举观察员监督和签字的情况下进行的。新冠疫情还导致投票站工作人员数量不足，因此出现了排长队现象以及计票延误，这立即让人回想起历史上民主党人臭名昭著的选举舞弊策略。

  历史上，美国实际上多次出现过有争议的选举，但是这些争议最终都是在美国宪法和既有的政治制度框架内解决的。然而，2020年大选后爆发的国会山骚乱事件本质上是输掉大选的一方企图以非和平的方式阻止总统权力的移交，这就开创了一个十分恶劣的先例。其中，试图策划此次暴力事件的主要是归属于极端政治部落的右翼群体。当然，如果我们审视2020年美国大选后的政治全景图可以发现，在认同主导的政

（接上页）U.S. election rolls than are eligible to vote," *National Review*, August 11, 2017, https://www.nationalreview.com/2017/08/election-fraud-registered-voters-outnumber-eligible-voters-462-counties/; Dick Morris, "Ghost Voters Keep Democrats in Office," *The Western Journal*, May 18, 2018, https://www.westernjournal.com/dick-morris-ghost-voters-keep-democrats-in-office/。

党政治实践中,归属于激进政治部落的左翼群体的表现并不比右翼群体温和多少。事实上,在2020年11月3日选举日后的第二天,特朗普在很多州的得票数曾经一度明显领先,因此民主党内的左翼进步派和一部分温和自由派十分担心特朗普最终赢得选举。他们效仿特朗普的口号,宣称"如果他赢了,一定是他偷走了选举"。在这一过程中,多达150个左翼激进团体自发组成了"保卫结果"(Protect the Result)联盟,部分成员差一点要走上街头进行游行示威,并且发出具有暴力威胁性的口号。根据美国国会警察局(United States Capitol Police)在2020年年底提供的信息,2020年美国大选后试图在华盛顿发起武装袭击的组织,不仅有特朗普的支持者、极右翼的"骄傲男孩",也有极左翼的"安提法",这些组织在前文已有论及。到2021年1月3日,该机构再次警告,大批"安提法""黑命贵"等组织的活跃分子已经聚集在华盛顿,他们与白人至上主义者之间发生冲突的可能性正在上升。① 除此之外,"肤色革命"(Color of Change)、"女性大游行"(Women's March)以及环保组织"山岳协会"(Sierra Club)的成员也差点涌上街头。此后,随着邮寄选票逐渐被清点之后,拜登在部分州开始反超特朗普。在此背景下,特朗普开始制造各种谣言,指控民主党的选举舞弊行为。左翼激进分子则宣称,如果特朗普竞选团队挑战选举结果或要求任何州重新计票,他们将发动骚乱和抗议。② 上述事

---

① Erik Dahl, "January 6th Intelligence Failure Timeline," Just Security, June 7, 2022, https://www.justsecurity.org/81806/january-6-intelligence-and-warning-timeline/.
② Katy Grimes, "BLM, Antifa, Far Left Promise Rioting if Trump Wins," California Globe, October 23, 2020, https://californiaglobe.com/articles/blm-antifa-far-left-promise-rioting-if-trump-wins/.

实表明,文化-身份要素催生出的政党政治"部落化"已经成为一种跨党派的趋势,即使在右翼民粹主义部落主导和发起的国会山骚乱背后,我们也不能忽视具有同样政治意义的来自左翼进步主义部落的政治活动及其心理,它们共同构成了认同范式下理解美国政党政治实践的重要抓手和切入点。

回到国会山骚乱事件本身。2021年1月6日前夕,值得关注的另一个重要事实是,在美国国会山内部,共有8位参议员和139位众议院议员试图反对国会两院联席会议认证拜登的总统当选资格,只不过骚乱事件的发生使他们无法继续表达相关诉求。不过,特朗普关于民主党和拜登团队的选举舞弊叙事已经主导了共和党的主流价值观,得到了共和党内不少参议员的支持,包括来自密苏里州的乔什·霍利(Josh Hawley)、得克萨斯州的泰德·克鲁兹(Ted Cruz)以及威斯康星州的雷恩·约翰逊(Ron Johnson),后来发起对时任众议院议长麦卡锡罢免动议的众议员马特·盖兹(Matt Gaetz)在此期间甚至直接煽动了暴力行为。结果是,共和党政客和选民越来越相信大量非法投票行为的存在。由于美国没有严格的身份管理制度,投票者容易进行身份造假活动。例如,同一个人可能会使用不同的名字进行反复投票,有的投票者并未进行登记,或者政府的选举登记名册中存在很多非法选民和已经死去的人。共和党政客还经常指责投票站的工作人员直接参与选举舞弊行动,认为他们擅长制造虚假选票、篡改选票,或者直接丢弃选票,使得共和党候选人无法胜选。

相对而言,民主党人虽然对选举制度和规则也有很多不满,但是相关的改革成本很高,涉及对宪法的修改。而共和党人更加关切最新出现的社会问题,包括非法移民、邮寄投票、电子投票等，不涉及对宪法的修改。因此，虽然宪法中的选举制度和规则有利于共和党，但是共和党人对政治现状的不满程度要高于民主党，并且他们更有可能将不满情绪转变成为某种形式的政治实践活动。

通过上述讨论可以看出，在基于文化-身份矛盾的认同政治作用下，美国的民主、共和两党及其各自内部政治部落之间的深刻分歧甚至敌对认知对美国的民主政治造成了日益显著的冲击，成为美国民主危机形成的根源。同时，它也成为拜登政府执政后反复强调的应努力重塑美国"国家灵魂"的原因，这里的"国家灵魂"即美国自立国以来引以为傲的政治民主和政治制度。回顾历史，在"自由主义-瓦斯普"共识框架的决定性影响下，美国民主政治的发展尽管经历了各种挑战，但前文提到的这一共识框架所内含的以渐进主义改良为内核的方法论始终能够促使美国民主政治发展所面临的问题控制在一定限度和范围内，并通过改革的办法加以解决。基于此，大多数美国政治研究者倾向于认为当前美国面临的民主危机的解决同样可以在"自由主义-瓦斯普"共识框架中找到最终可行的路径和方案。然而按照本书所构建的认同范式的分析框架和逻辑，我们已经无法沿用历史逻辑和经验思考当前美国民主危机的解决之道，因为美国政党政治的实践已经超越了传统的"自由主义-瓦斯普"共识框架。在新的后共识时代，美国政党政治发展演变的主线俨然成为"部落化"的政治行为体之间基于文化-身份矛盾的激烈博弈，以及这种博弈背后深刻的认同危机。因此，无论是政党政治极化的加剧还是"文化战争"的愈演愈烈，都预示着美国民主危机的解决越来越难以通过共识性框架的构建以及渐进改良主义的方式去完成，需要美国民主、共和两党政治精英探索符合上述新实践和新逻辑的应对办法。正是从这个意义上讲,美国政党政治的发展正在经历百年未有之大变局,其演进方向存在高度不确定性,原因在于势均力敌的两大政治部落之间基于两种文化-身份认同的政治较量推动形成了围绕美国国家发展方向的巨大分歧,即不少美国学者指称的所谓"两个美国"的路线之争,因而美国民主危机的根本解决将取决于这种博弈和较量所最终形成的新的政治社会结构。

第六章
结　论

　　通过对近年来美国政党政治在发展演变过程中出现的前述诸多新现象、新特征和新趋势的观察，笔者认为美国的政党政治正在经历深刻的时代变局，旧有的周期范式难以充分、有效地回应实践的新变化，以"经济-阶级"矛盾为首要变量的分析框架和所谓"经济决定论"以及"经济-政治周期联动论"的研究假设不再适用。为此，本书构建了一个新的美国政党政治研究范式——认同范式，在引入"文化-身份"变量的基础上，以"部落化"趋势为主线分析了美国政党政治正在经历的时代变局，论证了美国的民主、共和两大政党正在从传统的"阶级型政党"和"中间主义政党"朝着新兴的"观念型政党"和"部落主义政党"进行持续、加速转型的深层逻辑。以上述研究范式的创新为基础，本书还对美国政党政治的研究议程进行了重置，提出了对当前和未来具有重要意义的五个方面的研究议程。

　　作为对全书内容的总结，本章将简要探讨三个问题。第一，与传统的周期范式相比，认同范式在美国政党政治研究方面创造了哪些因应时代变局的新的理论和实践价值？第二，认同范式在理论构建方面存在哪些不足？在回应实践方面有着哪些局限？第三，如何推动围绕美国政党政治的研究具备更强和更可持续的学术创新能力？

一、认同范式的理论与实践意义

（一）认同范式的理论意义

如果说周期范式的理论意义在于为我们理解美国政党政治的历史演变逻辑提供了理论工具，抓住了各个历史阶段推动美国政党政治发展的主要矛盾及其相应表现形式，从而探索出了"自由主义-瓦斯普"共识框架下美国政党政治的内在运行规律，那么与之形成对应，认同范式则在美国政党政治面临时代大变局的背景下，对新的经验事实进行了总结，并在此基础上探索出了美国政党政治演变所蕴含的新规律，发展出了新的研究美国政党政治演变逻辑的理论工具，抓住了新的推动美国政党政治演变的主要矛盾。

首先，认同范式最重要的理论意义就在于提出并论证了美国政党政治正在经历前所未有的时代变局这一判断，指出了传统的周期范式日益失灵的原因，从而探索出了一条新的美国政党政治研究路径。社会科学研究范式往往存在较为明显的"路径依赖"现象，即既有的主流研究范式在经过长期的历史检验和经验累积后很容易让研究者形成固化的思维定式，在分析现实问题时不自觉地套用其相关理论。对美国政党政治研究而言，周期范式早已成为国内外美国政党政治学界惯用的分析框架，因而尽管美国政党政治实践的发展已经超越了周期范式的理解范畴,大量的研究者和观察家仍然在以这一思维审视美国政党政治的运行逻辑,并一次又一次地期待关键性选举的到来和所谓新的历史周期的形成。然而,现实却让这种期待一再落空,这就表明我们必须摆脱周期范式的既有窠臼,从变化了的经验事实出发寻求其背后的规律和逻辑。从这个意义上讲,认同范式挖掘出了周期范式难以适应美国政党政治发展新现实的根本原因,并以此为基础找到了美国政党政治正在经历的时代变局的主线——基于认同的"部落化"发展趋势,从而解构了以"自由主义-瓦斯普"共识为前提的美国政党政治研究范式,为构建一个能够更有效地回应上述变局的新研究范式奠定了学理基础。

其次,认同范式的理论意义还在于发展出了新的研究美国政党政治演变逻辑的理论工具——美国政党-选民联盟的根本转型,从民主、共和两党性质的变化和政党-选民联盟结构的变化两方面入手,提供了美国政党政治演变逻辑的明确线索。一方面,美国民主、共和两党从阶级型/中间主义政党向观念型/部落主义政党转型的趋势构成了以"部落化"为主线的政党政治演变趋势的核心逻辑,其理论重要性可能不亚于周期范式下的关键性选举/政党重组理论及其背后的"经济决定论"假设。另一方面,美国政党-选民联盟的结构性变化则为我们理解大变局下美国政党政治的走向提供了分析框架,其中政党-选民"跨阶级联盟"的出现有助于我们探索认同范式下美国政党-选民联盟构建的全新逻辑,而政党-选民联盟流动性的下降则有助于我们把握认同范式下美国政党政治演变趋势中蕴含的"部落化"本质。总之,上述两方面理论工具成为把握美国政党政治时代变局的"敲门砖"。

最后，认同范式抓住了文化-身份这一推动美国政党政治演变的新的主要矛盾，从而更好地回应了冷战结束尤其是后金融危机时代以来美国政治和社会的深层次结构性变迁——包括多元文化主义的兴起、人口结构的深层调整（特别是族裔和代际两个维度）以及社交媒体时代的到来——所产生的一系列深远的政治和社会影响，进而以此为基础明确了大变局时代美国政党政治的一个根本事实：多元文化主义与"瓦斯普"之间的巨大张力已经取代"自由主义-瓦斯普"共识框架下的传统经济-阶级矛盾，成为推动美国政党政治演变的首要因素。正是美国政治和社会发展主要矛盾的上述转变，持续推动着美国民主、共和两党的转型与美国政党-选民联盟的重塑，从而构成了理解美国政党政治发展演变新逻辑的有效抓手。

（二）认同范式的实践意义

从实践层面看，在上述三方面理论意义的基础上，认同范式帮助我们厘清了大变局下美国政党政治博弈的新特征、蕴含的新理念和面临的新结构，从而使美国政党政治的演变以一种更加清晰的方式呈现了出来。

就美国政党政治博弈的新特征而言，近年来，民主、共和两党的政治博弈不仅烈度进一步增强，而且也变得更为复杂，甚至混乱，这些都属于既有的周期范式无法回应的新现象。然而，在认同范式的研究框架下，文化-身份矛盾的首要性以及美国政党政治演变的"部落化"趋势赋予了其诸多新的实践特征，包括驱动因素从经济的周期性演化转变为观念之间的对立与冲突，政党-选民联盟的塑造路径开始从寻求共识转变为强化对立，围绕公共政策制定的博弈呈现出日益显著的"身份化-部落化"取向,以及政党政治生态以"报复性政治"的频频上演为标志而显示出进一步恶化并且越来越难以进行妥协的趋势,这就更好地阐释了当前美国政党政治一系列新现象出现的原因。

就美国政党政治蕴含的新理念而言,周期范式下的自由主义-保守主义意识形态二分法以及"瓦斯普"文化主导下的"合众为一"价值观已经无法阐释和全面覆盖一个日益"部落化"的美国政党政治结构所蕴含的全部理念。就意识形态而言,当前美国政治、社会中的左翼进步派"政治部落"和右翼民粹派"政治部落"所主张的意识形态已经超越了美国传统的自由主义-保守主义框架,由此进一步拉大了不同群体之间的意识形态鸿沟,使得美国的政党政治极化难题愈发显著。就文化价值观而言,多元文化主义伴随美国社会结构深层调整而来的强势兴起也已冲破了"瓦斯普"文化的主导性框架,并对美国的国家认同构成越来越严峻的挑战。正是在这一背景下,以白人至上主义和白人民族主义为代表的日益极端化的"瓦斯普"文化才变得愈发引人瞩目,并同多元文化主义展开了一场愈演愈烈的"文化战争"。因此,认同范式提供了理解当前美国政治、社会所蕴含的日益复杂和尖锐的观念之争的分析框架和研究视角,并厘清了其与传统的周期范式下围绕经济-阶级问题而产生的意识形态纷争的差异及其相互关系。

就美国政党政治面临的新结构而言,认同范式以文化-身份要素为核心变量和以在此基础上的"部落化"为核心趋势的美国政党政治演变逻辑,更为全面地反映出了近年来美国政党政治的"碎片化"结构,即在民主、共和两党极化程度进一步加深的同时,两党各自内部分化的出现——如民主党内左翼进步派、温和派以及中右派之间的政治较量,以及共和党内以特朗普为代表的右翼民粹派与传统建制派之间的激烈角力,亦即"双重极化"这一新的政党政治结构的形成。这是传统的周期范式无法阐释的新的重大问题。因此,认同范式更好地帮助我们理解了美国政党政治正在经历的这一结构性变化及其带来的影响,即不同政治、社会群体从既有的宏观政党认同层面扩展和延伸到了微观的政党内部落认同层面,并认为"双重极化""部落化"以及"碎片化"产生的根源就在于不同政治群体对自身所处部落的政治认同以及由此产生的政治忠诚度明显高于对其部落所属政党的政治认同及其政治忠诚度。显然,这一建立在文化-身份基础上的结构性变化将对美国政党政治的实践走向产生深远影响,尤其是成为围绕美国公共政策的国内辩论以及政策制定过程越来越"身份化-部落化"的关键推动因素,这将构成对美国国家治理的一项严峻挑战。

二、认同范式的不足与局限

社会科学研究范式的创新在产生与时俱进的理论和实践价值的同时,也必然蕴含着自身的不足与局限。在力图实现本书的研究目标——对美国政党政治的研究范式进行创新——的过程中,笔者一方面更加坚定了本项研究的必要性及其创新价值,但另一方面也感到这一新的研究范式同样不可避免地存在理论建构方面的不足与对现实问题进行阐释时的局限。概言之,认同范式在理论建构方面的不足主要指向变量选取和概念界定两个问题。而在对现实问题的阐释方面,认同范式在对周期范式的"经济决定论"思维进行批判的同时,则可能引发关于其自身是否陷入"文化决定论"的质疑,存在因过于突出观念等形而上因素的作用而导致对传统经济因素重视不足的局限。

首先，认同范式在理论建构方面的不足体现在变量选取的适切性问题上，亦即由于文化-身份变量相较于经济-阶级变量更为抽象，因而认同范式如何以此为基础搭建起美国政党政治演变逻辑中的因果解释框架，显然比周期范式更为困难。在福山关于认同的讨论中，他也承认文化-身份带来的利益诉求（如对尊严的要求和对他者的怨忿情绪等）相较于物质利益更难进行度量和判断，从而致使这些自变量在与政治立场以及投票行为等因变量之间建立因果机制时，存在论证难度增加的困境。① 在这一问题上，当文化-身份矛盾与经济-阶级矛盾彼此冲突的时候，前者的作用体现得较为显著，因而这种变量抽象性带来的逻辑张力较小，如白人蓝领群体的"跨阶级投票"行为模式不存在变量之间的逻辑张力；而当文化-身份矛盾与经济-阶级矛盾同向运行的时候，二者的作用如何界定以及进行比较，就会变得比较困难，如民主党在打造具有多元文化主义色彩的政治联盟的过程中，对于其中作为经济-阶级和文化-身份双重意义上的社会弱势和边缘群体的支持者来说，究竟哪方面因素在其政治立场和投票行为中发挥了更为关键甚至决定性的作用，是一个值得进一步研究和思考的问题。

其次，认同范式在理论建构方面的不足还体现在概念界定的相对模糊化处理方面，即文化、身份以及认同等概念相较于经济、阶级和周期等概念存在更大的界定困难。例如，笔者在本书写作过程中多次参加了国内外围绕美国政治与对外政策的相关学术研讨会，本书中的一些主要观点也与国内外学者进

---

① Francis Fukuyama, *Identity: The Demand for Dignity and the Politics of Resentment*, New York: Farrar, Straus and Giroux, 2018.

行了深入交流与探讨。其中就有学者指出,身份/认同这一概念在某种意义上已经包含了阶级因素,因为阶级本身也是一种身份。① 上述概念方面的难题反映出文化、身份和认同等所蕴含的抽象性使之很难被清晰和准确地进行界定。对此,本书致力于按照研究范式的不同对概念进行处理,亦即阶级隶属于周期范式下与经济要素绑定的概念,指的是由经济要素所确定的物质利益诉求指向的不同社会群体,而身份则隶属于认同范式下与文化要素绑定的概念,指的是由文化要素所确定的观念利益诉求指向的不同社会群体,这就分别赋予了阶级和身份两个概念以物质和观念两种意涵,从而使二者在概念界定上区分开来。尽管笔者进行了最大限度的努力使之在论述过程中尽可能更为清晰,但恐怕仍然难以完全解决上述核心概念的抽象性所带来的界定方面的问题。

最后,认同范式在对现实问题的阐释方面同样存在一定的局限性,可能会引发关于其是否陷入"文化决定论"的争议。在对美国政党政治研究的传统主流范式周期范式进行反思与批判的过程中,本书指出其在阐释现实问题的过程中由于陷入了"经济决定论"的思维定式中,因而难以有效回应美国政党政治正在经历的时代变局。在文化-身份矛盾超越经济-阶级矛盾成为日益"部落化"的美国政党政治发展演变的首要动力的背景下,认同范式则有可能走向另一个极端,即过于突出观念等形而上因素的作用而导致对传统经济因素重视不足的局限。实际上,这一局限与上文提到的变量选取适切性方面的不足紧

---

① 在此感谢中国国际问题研究院研究员徐步大使在2023年7月14日由复旦大学美国研究中心主办的第十三届"美国的战略走向与中美关系"学术研讨会上围绕相关概念的界定问题与笔者进行的讨论。

密相关,因而如何更好地处理文化-身份这一新兴变量与经济-阶级这一传统变量之间的关系,使得认同范式一方面体现出与周期范式的本质差异,从而彰显其能够更有效地回应时代变局的理论和实践价值,另一方面则与周期范式形成互补,从而能尽可能全面地对美国政党政治的演变进行学理阐释,是这一研究范式创新需要进一步思考的重要理论和实践问题。

三、美国政党政治研究的创新路径

作为中国学者对美国政党政治研究进行范式创新的首度尝试,本书不可避免地存在一系列如上一节所讨论的不足和局限。然而,本书至少在以下两个方面做出了一定的学术贡献:一是对美国和西方学界既有的相关理论和路径进行了系统总结并发现了其内在共性,并创造性地将其冠之以"周期范式";二是在对周期范式进行全面反思和深入批判的基础上构建了一个新的美国政党政治研究范式,即"认同范式",从而尝试更为有效地对美国政党政治最新的发展演变进行回应。从这个意义上讲,首先,笔者认为美国政党政治研究,特别是中国的美国政党政治研究的创新路径在于跳出"美国中心主义"的学术研究藩篱,在重新审视美国政治学界围绕这一领域的既有研究的基础上,善于发现这些研究在范式层面的共性及其反映出的更深层次的思维定式与价值取向,进而站在一种他者的立场对其进行批判性的反思。"不识庐山真面目,只缘身在此山中",美国政治学界对美国政党政治的研究和理解反映出鲜明的"自由主义-瓦斯普"思维定式与价值取向,因而难以跳出自身内含的逻辑桎梏、全面检视美国政党政治正在经历的时代变局。与之相比，中国学者则具有价值中立的研究优势，能够更为客观和全面地观察美国政党政治的演变规律及其内在逻辑。

其次，美国政党政治研究的创新路径还在于在借鉴政治学、历史学和经济学等学科的传统研究路径的基础上，将哲学、社会学以及其他更多的相关学科整合吸纳进来，以此构成该领域作为美国研究这一区域国别学科重要组成部分的主体内容。通过本书的讨论可以发现，美国政党政治的发展演变在很多方面和维度已经超越了政治学、历史学和经济学的解释范畴，需要引入更多相关学科进行与时俱进的研究。例如，美国人口的结构性变化、种族关系、身份问题以及文化认同等都涉及哲学和社会学等其他诸多学科领域的问题。因此，作为美国研究区域国别学科中的重要研究议题，美国政党政治研究应该追求运用跨学科的思维方式进行分析和思考。其中，政治学可以作为研究的学理基底和落脚点，其他学科则可以在案例分析等方面作为辅助性工具发挥补充作用，进而形成以政治学为研究主干、以其他学科为研究旁系的美国政党政治研究架构。

最后，美国政党政治研究的创新路径也在于更好地综合定性与定量多种研究方法，尤其是运用计算社会科学的最新成果，增强研究的可靠性。本书在研究方法上仍属于定性研究，其内在不足与局限中有很多方面可以运用计算社会科学等定量研究方法进行完善，如变量选取的适切性问题以及变量之间相互关系的模糊化问题等。考虑到美国政党政治研究本身涉及大量与政治选举、国会议员投票以及民意调查等相关的实证内容，因而定量研究方法显然可以为相关的理论观点提供有力的数据支撑，并带来更为科学化的论据，这一点将成为对定性研究方法的重要补充，同时也能够为研究提供更有效的分析工具。

总之,中国的美国政党政治研究总体上仍处于在"美国中心主义"影响下的范式追随阶段,其研究成果基本上都是在美国政治学界既有的研究范式和理论工具基础上对历史和现实问题的分析和探讨。在美国政党政治正在经历时代大变局的重要背景下,中国的美国研究学者围绕这一重要领域的探索应该进行更多范式创新的突破性尝试,从而形成更多有价值的学术成果。

参考文献

一、中文著作

1. 高连奎:《为何美国是老大——美利坚 200 年改革实录》,上海:上海文化出版社,2013 年。
2. [美]艾伦·布林克利:《美国史(1492—1997)》,邵旭东译,海口:海南出版社,2009 年。
3. [美]安东尼·唐斯:《民主的经济理论》,姚洋等译,上海:上海人民出版社,2005 年。
4. [美]格雷格·卢金诺夫、乔纳森·海特:《娇惯的心灵》,田雷、苏心译,北京:生活·读书·新知三联书店,2020 年。
5. [美]哈罗德·伊罗生:《群氓之族:群体认同与政治变迁》,邓伯宸译,桂林:广西师范大学出版社,2015 年。
6. 黄安年:《当代美国的社会保障政策》,北京:中国社会科学出版社,1998 年。
7. 金灿荣编:《美国二十讲》,天津:天津人民出版社,2009 年。
8. [美]马克·吐温、查尔斯·沃纳:《镀金时代》,春燕译,呼和浩特：内蒙古人民出版社，2010年。

9. ［德］马克斯·韦伯：《新教伦理与资本主义精神》，于晓、陈维纲译，北京：生活·读书·新知三联书店，1987年。

10. ［美］塞缪尔·亨廷顿：《谁是美国人：美国国民特性面临的挑战》，程克雄译，北京：新华出版社，2010年。

11. ［美］塞缪尔·P.亨廷顿：《美国政治：激荡于理想与现实之间》，先萌奇、景伟明译，北京：新华出版社，2017年。

12. ［法］托克维尔：《论美国的民主》，董果良译，北京：商务印书馆，1989年。

13. ［美］威廉·本内特：《美国通史》（下），刘军等译，南昌：江西人民出版社，2009年。

14. ［美］威廉·曼彻斯特：《光荣与梦想：1932—1972年美国社会实录》，朱协译，海口：海南出版社，2006年。

15. ［英］约翰·密尔：《代议制政府》，汪瑄译，北京：商务印书馆，1982年。

16. ［美］詹姆斯·罗宾斯：《敬业》，曼丽译，北京：世界图书出版公司，2004年。

17. 周琪主编：《意识形态与美国外交》，上海：上海人民出版社，2006年。

18. 资中筠、陈乐民：《冷眼向洋：百年风云启示录》（上），北京：生活·读书·新知三联书店，2009年。

二、中文论文

1. 陈华：《清教思想与美国精神》，《四川师范大学学报（社会科学版）》2004年第4期。

2. 陈金英：《美国政治中的身份政治问题研究》，《复旦学报

（社会科学版）》2021年第2期。

3. 刁大明：《试析美国共和党的"特朗普化"》，《现代国际关系》2018年第10期。

4. 刁大明：《2020年大选与美国民主党的转型》，《国际论坛》2020年第6期。

5. 刁大明：《身份政治、党争"部落化"与2020年美国大选》，《外交评论》2020年第6期。

6. 刁大明：《2020年大选与美国政治的未来走向》，《美国研究》2020年第6期。

7. 刁大明：《美国政治的"特朗普化"及其影响》，《探索与争鸣》2021年第2期。

8. 孔元：《身份政治、文明冲突与美国的分裂》，《中国图书评论》2017年第12期。

9. 李庆四、翟迈云：《特朗普时代美国"白人至上主义"的泛起》，《美国研究》2019年第5期。

10. 刘飞涛：《拜登"服务中产阶级的外交"：理念、方略及前景》，《美国研究》2021年第4期。

11. 刘瑜：《民粹与民主：论美国政治中的民粹主义》，《探索与争鸣》2016年第10期。

12. 强舸：《"奥巴马选民"VS"特朗普选民"：关键性选举与美国政党选民联盟重组》，《复旦学报（社会科学版）》2018年第1期。

13. 师枫燕：《美国政党制度缘起》，《美国研究》1988年第1期。

14. 唐士其：《美国政治文化的二元结构及其影响》，《美国研究》2008年第2期。

15. 汪仕凯：《不平等的民主：20世纪70年代以来美国政治的

演变》,《世界经济与政治》2016年第5期。

16. 王聪悦:《美国民粹主义:历史演进、文化根基与现实嬗变》,《当代世界与社会主义》2021年第2期。

17. 王浩:《社会联盟与美国对外战略演化的逻辑(1945—2015)》,《世界经济与政治》2016年第7期。

18. 王浩:《"特朗普现象"与美国政治变迁的逻辑及趋势》,《复旦学报(社会科学版)》2017年第6期。

19. 王浩:《美国政治的演化逻辑与内在悖论》,《世界经济与政治》2017年第8期。

20. 王浩:《当代美国的政党政治极化:动因、走向与影响》,《美国问题研究》2020年第2期。

21. 王浩:《2020年大选后美国的政党政治走向及其影响》,《美国问题研究》2021年第1期。

22. 王浩:《美国政治的"特朗普革命":内涵、动因与影响》,《当代美国评论》2021年第2期。

23. 王浩:《走出周期:美国政党政治研究的范式转换与议程重置》,《美国研究》2022年第4期。

24. 王浩:《美国政治生态新变化》,《现代国际关系》2022年第10期。

25. 王浩:《结构、议程与整合困境:2022年中期选举后美国的政党政治走向》,《统一战线学研究》2023年第1期。

26. 王浩:《权力、政治、结构:重释美国大战略的演化逻辑与历史周期》,《国际关系研究》2023年第1期。

27. 王浩:《拜登主义与美国外交政策的转型》,《国际问题研究》2024年第1期。

28. 王缉思:《美国霸权的逻辑》,《美国研究》2003年第3期。

29. 王希:《多元文化主义的起源、实践与局限性》,《美国研究》2000年第2期。

30. 王一鸣:《关键性选举究竟何时到来?——从"特朗普革命"到"后特朗普时代"》,《世界政治研究》2022年第1辑。

31. 王悠然:《本土主义在美国"周期性发作"——美国学者剖析其反民主本质》,《中国社会科学报》2017年3月17日。

32. 韦宗友、张歆伟:《拜登政府"中产阶级外交政策"与中美关系》,《美国研究》2021年第4期。

33. 韦宗友:《多元文化主义的挑战与美国的应对——兼论美国的文化政策》,《美国问题研究》2015年第2期。

34. 谢韬:《从大选看美国的历史周期、政党重组和区域主义》,《美国研究》2012年第4期。

35. 谢韬:《从历史的终结到美国民主的衰败》,《当代世界》2017年第1期。

36. 赵梅:《"选择权"与"生命权":美国有关堕胎问题的论争》,《美国研究》1997年第4期。

37. 周顺:《美国"Z世代"大学生政治认同两极化及其原因》,《国际展望》2021年第2期。

三、英文著作

1. Andrew Gelman, David Park et al., *Red State, Blue State, Rich State, Poor State*, Princeton: Princeton University Press, 2008.

2. Andrew Heywood, *Politics*, London: Palgrave Macmillan, 2007.

3. Arthur M. Schlesinger, Sr., *New Viewpoints in American*

History, New York: Macmillan Publishers, 1922.
4. Arthur M. Schlesinger, Sr., *Paths to the Present*, New York: Macmillan Publishers, 1949.
5. Arthur M. Schlesinger, Jr., *The Cycles of American History*, Boston: Houghton Mifflin, 1986.
6. Albert O. Hirschman, *Shifting Involvements: Private Interest and Public Action*, Princeton: Princeton University Press, 1982.
7. Alan Kraut, *American Immigration and Ethnicity: A Reader*, New York: Palgrave Macmillan, 2005.
8. Arthur Paulson, *Electoral Realignment and the Outlook for American Democracy*, Boston: Northeastern University Press, 2007.
9. Alexis de Tocqueville, *Democracy in America*, New York: Penguin Books, 2003.
10. Charles Dunn, *The Conservative Tradition in America*, Lanham: Rowman and Littlefield, 2003.
11. Charles E. Lindblom, *Politics and Markets*, New York: Basic Books, 1977.
12. Carll Ladd, *American Political Parties: Social Change and Political Response*, New York: Norton, 1970.
13. Catriona McKinnon, *Liberalism and the Defense of Political Constructivism*, New York: Palgrave Macmillan, 2002.
14. Daniel Bell, *The End of Ideology: On the Exhaustion of Political Ideas in the Fifties*, New York: Free Press, 1960.

15. David Burner, *The Politics of Provincialism: The Democratic Party in Transition, 1918-1932*, New York: W. W. Norton, 1967.
16. Donald Green, Bradley Palmquist and Eric Schickler, *Partisan Hearts and Minds: Political Parties and the Social Identities of Voters*, New Haven: Yale University Press, 2004.
17. Earle Black and Merle Black, *Politics and Society in the South*, Cambridge: Harvard University Press, 1987.
18. Nicol Rae, *Southern Democrats*, New York: Oxford University Press, 1994.
19. Evan Osnos, *Joe Biden: The Life, the Run, and What Matters Now*, New York: Simon and Schuster, 2020.
20. Francis Fukuyama, *Political Order and Political Decay: From the Industrial Revolution to the Globalization of Democracy*, New York: Farrar, Straus, and Giroux, 2014.
21. Francis Fukuyama, *The End of History and the Last Man*, New York: Free Press, 1992.
22. Francis Fukuyama, *Identity: The Demand for Dignity and the Politics of Resentment*, New York: Farrar, Straus and Giroux, 2018.
23. Gabriel Almond and Sidney Verba, *The Civic Culture: Political Attitudes and Democracy in Five Nations*, Princeton: Princeton University Press, 1972.
24. George Crowder, *Liberalism and Value Pluralism*, New

York: Continuum, 2002.

25. Gerald Gamm, *The Making of New Deal Democrats: Voting Behavior and Realignment in Boston, 1920 – 1940*, Chicago: University of Chicago Press, 1986.

26. George Hawley, *Making Sense of the Alt-Right*, New York: Columbia University Press, 2017.

27. Henry Adams, *History of the United States*, Washington, D.C.: Library of America, 1986.

28. Herbert J. Bass, George A. Billias, and Emma J. Lapsansky, *Our American Heritage*, New Jersey: Silver Burdett Company, 1978.

29. Herbert McClosky and John Zaller, *The American Ethos: Public Attitudes toward Capitalism and Democracy*, Cambridge: Harvard University Press, 1984.

30. Horace M. Kallen, *Culture and Democracy in the United States*, New York: Arno Press, 1970.

31. Hector St. John de Crevecoeur, *Letters from an American Farmer and Sketches of Eighteenth-Century America*, New York: Penguin Books, 1983.

32. Israel Zangwill, *The Melting Pot*, New York: Macmillan, 1920.

33. John Dewey, *Liberalism and Social Action*, Columbus: Promethea Publishing, 1999.

34. James D. Hunter, *Culture Wars: The Struggle to Define America*, New York: Basic Books, 1991.

35. James Holt, *Congressional Insurgents and the Party System, 1909-1916*, Cambridge: Harvard University Press, 1967.
36. James L. Sundquist, *Dynamics of the Party System: Alignment and Realignment of Political Parties in the United States*, Washington, D. C.: The Brookings Institution, 1983.
37. John Locke, *The Second Treaties of Government (An Essay Concerning the True Original Extent and End of Civil Government) and a Letter Concerning Toleration*, ed., J. W. Gough, New York: Macmillan, 1956.
38. Jerome M. Clubb, William H. Flanigan, and Nancy H. Singale, *Partisan Realignment: Voters, Parties and Government in American History*, Boulder: Westview Press, 1990.
39. John Rawls, *Political Liberalism*, New York: Columbia University Press, 2005.
40. James Reichley, *The Life of the Parties: A History of American Political Parties*, Washington, D. C.: Rowman & Littlefield Publishers, 2000.
41. Jeffrey Stonecash, Mark Brewer and Mack Mariani, *Diverging Parties: Social Change, Realignment, and Party Polarization*, Boulder: Westview, 2003.
42. James Young, *The American Liberal Tradition: A Reinterpretation*, Boulder: Westview Press, 1995.
43. Leon Baradat, *Political Ideologies: Their Origins and

Impact, New York: Pearson Education, 2009.

44. Larry M. Bartels, *Unequal Democracy: The Political Economy of the New Gilded Age*, New York: Russell Sage Foundation, 2008.

45. Louis Hartz, *The Liberal Tradition in America*, New York: Harcourt Brace Jovanovich, 1955.

46. Marcus Paskin, *Liberalism: The Genius of American Ideals*, Lanham: Rowman and Littlefield, 2004.

47. Morris P. Fiorina et al., *Culture War: The Myth of a Polarized America*, New York: Pearson Longman, 2005.

48. Norman Ornstein, Thomas Mann and Michael Maldin, *Vital Statistics on Congress, 2005 – 2006*, Washington, D. C.: Brookings, 2006.

49. Nicol Rae, *Southern Democrats*, New York: Oxford University Press, 1994.

50. Nicol Rae, *The Decline and Fall of the Liberal Republicans from 1952 to the Present*, New York: Oxford University Press, 1989.

51. Paul James, *Globalism, Nationalism, Tribalism: Bringing Theory Back In*, London: Sage Publications, 2006.

52. Paul Kennedy, *The Rise and Fall of the Great Powers*, New York: Random House, 1987.

53. Peter Trubowitz, *Politics and Strategy: Partisan Ambition and American Statecraft*, Princeton: Princeton University

Press, 2011.
54. Peter Woll, *American Government*, New York: Pearson Education, 2010.
55. Ronald Brownstein, *The Second Civil War: How Extreme Partisanship has Paralyzed Washington and Polarized America*, New York: Penguin Books, 2007.
56. Roger Davidson, Walter Oleszek, Frances Lee and Eric Schickler, *Congress and Its Members*, Washington, D. C.: CQ Press, 2014.
57. Robert Dahl, *Dilemmas of Pluralist Democracy*, New Haven: Yale University Press, 1982.
58. Richard Bensel, *Sectionalism and American Political Development: 1880-1980*, Madison: University of Wisconsin Press, 1984.
59. Richard Hofstadter, *The Age of Reform: From Bryan to F. D. R.*, New York: Alfred A. Knopf, 1965.
60. Richard Hofstadter, *Social Darwinism in American Thought*, Pennsylvania: University of Pennsylvania Press, 1945.
61. Robert Putnam, *Bowling Alone: The Collapse and Revival of American Community*, New York: Simon and Schuster, 2000.
62. Thomas Frank, *What's the Matter with Kansas? How Conservatives Won the Heart of America*, New York: Henry Holt and Company, 2004.
63. V. O. Key Jr., *Politics, Parties, and Pressure Groups*,

New York: Thomas Y. Crowell, 1958.
64. Walter Dean Burnham, *Critical Elections and the Mainsprings of American Politics*, New York: W. W. Norton, 1970.
65. W. E. B. Dubois, *The Souls of Black Folk*, Boston: Bedford Books, 1997.

四、英文论文

1. Albert Martinelli, "Populism on the rise: Democracies under challenge," *Italian Institute for International Political Studies*, 2016, p. 7.
2. American Political Science Association, "Toward A More Responsible Two-Party System: Report of the Committee on Political Parties," *American Political Science Review*, Vol. 44, No. 3, 1950.
3. Amir Shawn Fairdosi and Jon C. Rogowski, "Candidate Race, Partisanship, and Political Participation: When Do Black Candidate Increase Black Turnout?" *Political Research Quarterly*, Vol. 68, No. 2, 2015.
4. Christopher Adolph et al., "Pandemic Politics: Timing State-level Social Distancing Responses to COVID-19," *Journal of Health Politics, Policy and Law*, Vol. 46, No. 2, 2021.
5. Carl Degler, "American Political Parties and the Rise of the City: An Interpretation," *Journal of American History*, Vol. 51, No. 2, 1964.

6. Ackerman et al., "Changes in U. S. Family Finances from 2007 to 2010: Evidence from the Survey of Consumer Finances," *Federal Reserve Bulletin*, Vol. 98, No. 2, 2012.
7. David C. Wheelock, "Comparing the COVID-19 Recession with the Great Depression," *Economic Synopses*, Vol. 28, No. 39, 2020.
8. Eli J. Finkel et al., "Political Sectarianism in America," *Science*, Vol. 370, No. 6516, 2020.
9. Frederick Jackson Turner, "The Significance of the Frontier in American History," in Frederick Jackson Turner, *The Frontier in American History*, New York: Henry Holt and Co., 1928.
10. Gary LaFree, "Is Antifa a Terrorist Group," *Society*, Vol. 55, No. 3, 2018.
11. Hans-Georg Bets, "Facets of nativism: a heuristic exploration," *Patterns of Prejudice*, Vol. 53, No. 2, 2019.
12. John Dewey, "Pragmatic America," *New Republic*, Vol. 30, No. 4, 1922.
13. Judie Guest, Carlos del Rio and Travis Sanchez, "The Three Steps Needed to End the COVID-19 Pandemic: Bold Public Health Leadership, Rapid Innovations, and Courageous Political Will," *JMIR Public Health and Surveillance*, Vol. 6, No. 2, 2020.
14. Matteo Cinelli et al., "The Echo Chamber Effect on

Social Media," *Phycology and Cognitive Sciences*, Vol. 18, No. 9, 2021.
15. Martin Wattenberg, "The Building of a Republican Regional Base in the South: The Elephant Crosses the Mason-Dixon Line," *Public Opinion Quarterly*, Vol. 55, No. 3, 1991.
16. Paul Beck, "A Socialization Theory of Partisan Realignment," in Richard G. Niemi et al., eds., *The Politics of Future Citizens*, San Francisco: Jossey-Bass Publishers, 1974.
17. Paul Kramer, "The Geopolitics of Mobility: Immigration Policy and U. S. Global Power in the Long 20 th Century," *American Historical Review*, April 2018, pp. 1-47.
18. Peter Trubowitz and Nicole Mellow, "Going Bipartisan: Politics by Other Means," *Political Science Quarterly*, Vol. 120, No. 3, 2005.
19. Ruth Milkmana, "A New Political Generation: Millennials and the Post-2008 Wave of Protest," *American Sociological Review*, Vol. 82, No. 1, 2017.
20. Sean Theriault, "Party Polarization in the U. S. Congress: Member Replacement and Member Adaptation," *Party Politics*, Vol. 12, No. 4, 2006.
21. Stephen Hawkins et al., "The Hidden Tribes of America," *More in Common Report*, 2018.
22. V. O. Key, "A Theory of Critical Election," *Journal of*

Politics, Vol. 17, No. 1, 1955.

23. V. O. Key, "Secular Realignment and the Party System," *Journal of Politics*, Vol. 21, No. 2, 1959.

24. William Frey, "Metropolitan Magnets for Domestic and International Migration," Washington, D. C.: Brookings, October 2003.

25. William G. Mayer, "Changes in Elections and the Party System: 1992 in Historical Perspective," in Bryan D. Jones, ed., *The New American Politics*, Boulder: West View Press, 1995.

26. Walter Dean Burnham, "Party Systems and the Political Process," in William N. Chambers and Walter Dean Burnham eds., *The American Party Systems: Stages of Political Development*, New York: Oxford University Press, 1975.

27. Walter Dean Burnham, "Critical Realignment: Dead or Alive?" in Byron E. Shafer, ed., *The End of Realignment?: Interpreting American Electoral Era*, Madison: University of Wisconsin Press, 1991.

后　记

　　本书是我的第二本学术专著。不同于在博士学位论文基础上修改并出版的第一本学术专著,本书的基本观点与主体内容是我自2016年夏天进入复旦大学美国研究中心工作以来对美国政治尤其是美国政党政治进行长时间观察、思考与研究的产物,其起点恰好是令人印象深刻的2016年美国总统大选和唐纳德·特朗普的当选。从那时起,国内外的美国政治观察者们普遍感到美国政治出现了重大变化,并随着时间的推移越来越倾向于认为美国政治迎来了一个历史拐点。基于此,如何理解这种变化及其转折性意义便成了一项令人着迷却又十分艰巨的学术任务。一开始,与其他学界同仁一样,我习惯于运用既有的分析工具对近年来一系列令人眼花缭乱的现实进行探讨,其中就主要包括本书提到的、我将其统称为周期范式的三种代表性研究路径——关键性选举/政党重组理论、历史钟摆模式以及渐进改良主义。然而,随着美国政党政治实践的不断发展变化和观察研究的逐步深入,我发现上述既有的研究范式无法充分回应当下正在发生的远为复杂和能动的事实。冷战结束特别是后金融危机时代以来,从茶党运动的出现、"特朗普现象"的兴起到新冠疫情爆发后的 2020 年大选以及 2022 年中期选举,美国政党政治在结构与过程两个重要方面都出现了一系列深刻变化,蕴含着不同于以往的转型逻辑。在这一背景下,周期范式内含的学理假设与分析工具——"经济决定论""经济-政治周期联动论"以及"经济-阶级"变量的首要地位等开始暴露出越来越明显的经验困惑和逻辑缺陷。

以对既有范式的反思为出发点,本书提出了一个新的美国政党政治研究范式——认同范式,并以此为框架对美国政党政治的研究议程进行了重置。认同范式认为,美国政党政治正在经历的时代变局的主线是政党-选民联盟基于价值观认同而非经济利益的"部落化"构建逻辑与重组趋势,因而过去居于主流地位的"经济-阶级"要素已不足以构成理解这一变局的首要变量。对此,本书引入了新兴的"文化-身份"要素,论证了美国的民主、共和两大政党正在从传统的"阶级型政党"和"中间主义政党"朝着新兴的"观念型政党"和"部落主义政党"进行持续、加速转型的内在逻辑。本书认为,冷战结束尤其是后金融危机时代以来美国政治和社会的深层次结构性变迁——包括多元文化主义的兴起、人口结构的深层调整(特别是族裔和代际两个维度)以及社交媒体时代的到来——所产生的一系列深远的政治、社会影响,成为美国政党政治迎来大转型和大变局的根源,进而在实践中使得多元文化主义与"瓦斯普"之间的巨大张力取代了"自由主义-瓦斯普"共识框架下的经济-阶级矛盾,成为左右美国政党政治走向的新的主要矛盾。正是美国政治和社会发展主要矛盾的上述转变,持续推动着美国民主、共和两党的转型与美国政党-选民联盟的重塑,从而构成了理解美国政党政治时代变局及其发展演变新逻辑的有效抓手。

后　记

　　就在这篇后记写作期间，美国国会众议院共和党右翼民粹派议员联合民主党人投票罢免了众议院议长、共和党人凯文·麦卡锡。这一最新动向进一步印证了本书的观点，即近年来美国的政党政治结构在两党对等极化加深、无多数政治联盟成为常态的基础上进一步呈现出"部落化"的特点，右翼民粹主义和左翼激进主义在共和、民主两党内部日益发挥着不成比例的重要影响，基于文化-身份的部落认同开始凌驾于政党认同之上，而政党认同又凌驾于党派合作与国家利益之上，成为美国的政党政治生态从"否决政治"朝着"报复性政治"不断发展的最新例证。随着2024年大选的开启，美国党派斗争"部落化"的趋势将会体现得更为显著，需要予以持续密切的跟踪、观察和研究。

　　美国政治特别是美国的政党政治是一项既有深厚历史与理论传统，又与日常实践存在紧密联系的重要研究议题。早在中国人民大学进行本科学习期间，我便对比较政治特别是美国政治产生了浓厚兴趣，并在导师金灿荣教授的悉心指导下，从政治结构和政治过程两个层面对美国的代议制民主进行了探讨，随后以此为主题进行了本科毕业论文写作，这成为我在这一研究领域的学术启蒙阶段。在研究生学习期间，我逐渐对美国国内政治与其对外政策之间的逻辑关系产生了浓厚兴趣，并通过选取社会联盟这一独特视角，对"二战"后美国对外战略演化的国内政治逻辑进行了分析，从而完成了博士学位论文的撰写。幸运的是，随着此后特朗普政府的执政以及国内政治在美国对外政策的形成和演变中开始发挥日益显著的作用，相关研究在学界受到了越来越多的关注，形成了越来越多有价值的研究成果。到复旦大学工作后，我将自己的研究重心进一步转向了美国政治尤其是政党政治,并试图超越繁杂与琐碎的日常政治实践,从中发掘出美国政党政治演变的深层逻辑。同时,我还致力于摆脱美国政党政治研究的"美国中心主义"路径依赖,通过研究范式的创新更好地回应时代变局。从这个意义上讲,本书是对我上述学术探索的一个阶段性总结。

独学而无友,则孤陋而寡闻。美国政治研究近年来在国内学界方兴未艾,其中既有学界前辈持之以恒的引领,也有越来越多年轻学者的加入,不断壮大着这一研究队伍,从而使之成为一个日益充满活力的学术共同体。在此,首先要感谢金灿荣教授一直以来对我的指导,并为本书作序,使之增色许多。本书构思和写作的过程中,我还要感谢倪峰、赵梅、谢韬、刘卫东、刁大明、张国玺、付随鑫、周顺和付舒等前辈和同仁的讨论、批评及帮助,他们的深刻洞见,特别是那些与我观点相左的意见对于本书内容的丰富和完善起到了重要作用。此外,本书的部分观点还在我近年来发表的一批相关学术论文中有所体现,在此由衷地感谢《世界经济与政治》《国际问题研究》《美国研究》《现代国际关系》《美国问题研究》《复旦学报(社会科学版)》《当代美国评论》以及《统一战线学研究》等学术期刊的大力支持以及匿名审稿人的宝贵意见,让我能够在从事这项工作的过程中不断得到严肃的学术反馈,从而持续提升研究质量。

让我备感荣幸和亲切的是,本书得以入选复旦大学美国研究中心久负学术盛名的"21世纪的美国与世界"丛书系列,由复旦大学出版社出版。本书还是复旦大学美国研究中心主任吴心伯教授主持、我担任子课题负责人的2021年度马克思主义理论研究和建设重大项目暨国家社科基金重大项目"美国国内政治与外交政策源头本质研究"(批准号:2021MZD012)的阶段性成果。在此，特别感谢吴心伯教授对本书写作和出版的长期关心、精心指导和大力支持，也要感谢复旦大学美国研究中心行政办公室主任陈丽萍老师为本书出版付出的辛劳。此外，我还要由衷感谢两位编辑老师的鼎力相助。一是本书责任编辑、复旦大学出版社关春巧老师，她极强的专业精神和极高的工作效率为本书的顺利出版奠定了坚实基础。二是时任复旦大学出版社编辑孙程姣老师，她在本书定稿前夕对我的及时帮助特别是在出版问题上给予的方向性指引使我更加坚定了写作本书的信心，提升了写作效率。

最后，在本项研究持续推进的漫长过程中，我的爱人始终给予我毫无保留的关爱、包容和支持，我的儿子宣轶的到来则给家庭增添了无限的幸福和欢乐，这些都是我在学术研究道路上不断前行的最重要动力。因此，特将本书献给我的爱人和我的儿子。

是为记。

王　浩
2023年秋于复旦园

图书在版编目(CIP)数据

从周期到认同:美国政党政治研究的范式创新与议程重置/王浩著.—上海:复旦大学出版社,2024.3
(21世纪的美国与世界 / 吴心伯主编)
ISBN 978-7-309-17076-4

Ⅰ.①从… Ⅱ.①王… Ⅲ.①政党-政治制度-研究-美国 Ⅳ.①D771.264

中国国家版本馆 CIP 数据核字(2023)第 226010 号

从周期到认同:美国政党政治研究的范式创新与议程重置
王　浩　著
特约编辑/孙程姣
责任编辑/关春巧

复旦大学出版社有限公司出版发行
上海市国权路 579 号　邮编:200433
网址:fupnet@fudanpress.com　http://www.fudanpress.com
门市零售:86-21-65102580　团体订购:86-21-65104505
出版部电话:86-21-65642845
常熟市华顺印刷有限公司

开本 890 毫米×1240 毫米　1/32　印张 7.875　字数 166 千字
2024 年 3 月第 1 版
2024 年 3 月第 1 版第 1 次印刷

ISBN 978-7-309-17076-4/D·1177
定价:55.00 元

如有印装质量问题,请向复旦大学出版社有限公司出版部调换。
版权所有　侵权必究